Stefan Wachtel

Das Zielsatz Prinzip

3. überarbeitete Auflage

AF178226

Stefan Wachtel

DAS ZIELSATZ PRINZIP

Wie Pointierung unsere Wirkung erhöht

3. überarbeitete Auflage

executive modus press

Für
Carlotta Fee Mayfair

Inhalt

Vorwort zur 3. Auflage

In weniger als drei Jahren eine dritte Auflage, das könnte für Bedarf an Struktur sprechen, in Reden und Antworten, in Texten und Charts. Offenbar wollen immer mehr Menschen durch wirkungsvolle Inhaltsanordnung in den »Executive Modus« kommen.

Wer meine Vorträge hört oder in Coachings oder in Retreats mit mir arbeitet, kennt die spezielle Art, Inhalte anzuordnen. Es sind inzwischen etliche Klientenunternehmen – untereinander nicht vernetzt –, die sagen: Die Reden oder Antworten sind »gewachtelt«.

Der flektierte Autorenname als Marke, das gab es bald nach Erscheinen eines anderen Buches. »To make it Minto« ist der Begriff für das umgekehrte Prinzip: »The phrase ›Take this and make it Minto‹ is common in many of these organizations and the Minto Pyramid Principle is considered the ›lingua franca‹ for serious-minded professionals«. »Nimm es und mach es Minto«, heißt es. Die Pyramide ist zum zentralen Topos des Business geworden. Lingua franca für seine Umkehrung könnte das Zielsatz-Prinzip werden.

Mich beschäftigt das Prinzip lange, spätestens seit 1994, in »Sprechen und Moderieren in Hörfunk und Fernsehen«. 1996 in meinem Buch *Schreiben für's Hören* hieß das noch »rhetorisch anordnen«. Danach erschien es in dem Campus-Buch über Medientraining,[1] schließlich in *Rhetorik und Public Relations* 2003. In meinem letzten Buch *Executive Modus* ist der Trichter die Taktik Nr. 10 auf dem Weg aus dem Expertenmodus heraus zu mehr Wirkung. Dieses Buch ist eine Anleitung zur Steigerung persönlicher Wirkung.

Offenbar hatte etwas darauf gewartet, vereinfacht und praktikabel zu werden. Das Zielsatz-Prinzip gab es lange vor diesem Buch; universale Prinzipien brauchen keine Autoren; sie existieren schon. Aber vielleicht brauchen sie Bündelung und Begründung. Vor allem wäre ein Prinzip wenig wert ohne praktische Anleitung. Auch im Buch selbst: Dieses Vorwort und den Anfang des Buches habe ich in Trichtermodulen geschrieben. Dieses Buch begründet sprachliche Pointierung als Prinzip.

Wer mit der Vorbereitung von Reden und Antworten beschäftigt ist, weiß, wie Pointierung funktioniert – und wie und wo eben nicht. Für Prinzip und Methode gibt es Belege, von denen ich hier nur einige ausbreiten kann.[2] Das Zielsatz-Prinzip ist wissenschaftlich begründet.

Ob das »gewachtelt« genannt wird oder nicht, ein Vierteljahrhundert lang ist diese Methode immer wieder angewendet und geschärft worden. Zunächst mit Hörfunk- und Fernsehmoderatoren, daneben mit Passagierpiloten, später mit Spitzenmanagern und mit ihren Kommunikationsleuten, die diesen wiederum Papiere für Rede und Antwort vorlegen, und besonders gern für Partner von Strategieberatungen, schließlich mit Spitzenpolitikern. Auf die Gefahr hin, als dogmatisch zu gelten: Als Methode angewendet funktioniert das Zielsatz-Prinzip immer.

Sanremo, Neujahr 2022
Dr. Stefan Wachtel

Hintergrund

1 Die Landung

Mit 29 war ich der jüngste Trainer der ARD/ZDF-Fortbildung. Ich ging später erst fremd und dann richtig zu den Privaten. Am dritten Tag nach der Eröffnung des Münchner Flughafens fuhr ich von dort in einen TV-Studiokomplex nach Ismaning zu einem Training von Moderatoren. Mit dem Fernsehen war wirtschaftlich und auch sonst noch alles in bester Ordnung, Leo Kirch gehörte das alles hier, und ich hielt mit dem legendären »Sportschau-Moderator« Ernst Huberty Workshops für Fernsehmoderatoren. Er lehrte die »Landung auf dem Beitrag« – und ich übte es mit Redakteuren. Für jemanden, der am Anfang seiner Karriere als Coach stand, war das eine traumhafte Aufgabe. Die Pointierung durch Landung war meine erste praktikable Methode.

Aber zunächst ein paar Schritte zurück. Unsere täglichen Statements sehen meist so aus: »Ja!«, »Nein!«, »Meine These ist die folgende«, »Wir meinen dazu dieses, ich werde im Folgenden begründen«, »Ich lehne das entschieden ab«. So beginnt das herkömmliche Statement; im ersten Satz der Kern – und danach die Begründung. Ein Imperativ gilt weithin als Tugend: Sagen Sie das Wichtigste zuerst!

Wer diesen angelernten Aufbau des Informierens umdreht, erlebt Erstaunliches. Das Wesentliche fällt nicht mehr mit der Tür ins Haus, die Aussage ist angeschlossen, und sie führt auf einen Endpunkt, ohne zum Ende hin im Detail zu versickern. So entsteht eine Art Keil, der sich im zeitlichen Verlauf der Äußerung zuspitzt. Die Bauform überzeugender Rede und Antwort führt – wenn sie gut gemacht ist – auf das Ende hin. Das ist das Zielsatz-Prinzip.

Noch ein paar Schritte zurück. General Alden Warren war ein Feldherr, und Feldherren sind versucht, eine naheliegende Prozedur anzuwenden. Sie heißt: erst zuschlagen, dann alles Weitere, dann einsammeln. Er aber sagte: »Nein, zuletzt, wenn ich die anderen eingefangen habe, wenn ich nicht nur einen Sieg davontrage, und nicht nur irgendeinen, und wenn ich im letzten entscheidenden Moment zuschlage.« Auch dort, wo die Wirkung weniger im Töten von Menschen besteht, könnte es entscheidend sein, auf ein Ziel hinzuarbeiten, das am Ende liegt. General Warren wusste vermutlich nichts von fernöstlicher Kampfkunst, seine Ratgeber noch weniger. Die Asiaten taten es seit Jahrtausenden. Auf ein Ziel hin handeln, auf ein Ziel hin reden. Handeln und Reden sind oft genug zweierlei, leider, aber eines haben sie gemeinsam. Wirksames Reden und erfolgreiches Handeln, beide folgen demselben Imperativ: Ziele auf das Ende!

2 Der Recency Effect

Im Zweiten Weltkrieg ließ die US-Regierung erforschen, wie man die Moral der Soldaten steigern könnte. Später nach dem Krieg ging es demselben Forscherteam um Massenkommunikation durch Medien: Wie kann man größere Mengen von Menschen zu etwas bewegen? Zu Vorsorgeuntersuchungen, zu besserem Verhalten, zu was auch immer. An der Yale University hat so in den 1950er-Jahren eine Gruppe von Forschern um Carl I. Hovland unter anderem rhetorische Wirkung belegt, der Recency Effect. Es waren am Ende nur Laborexperimente, aber es waren viele. Sie schafften immer gleiche Bedingungen, aber sie veränderten immer je eine Variable: Merkmale des Sprechers, Merkmale der Nachricht und Merkmale der Empfänger. Der »Yale Attitude Change Approach« und die Studien dahinter sagen: Die Einstellungen von Menschen werden durch die Anordnung der Argumente beeinflusst. Hovland und seine Leute zeigten: Argumente scheinen umso wirkungsvoller zu sein, je weiter die wichtigsten von ihnen ans Ende gesetzt werden.

Gleich, welches Argument vorgetragen wird, es wirkt stärker als die vorhergehenden.[3] Das legt es nahe, auf den Schluss hin anzuordnen. Hinzu kommen Erfahrungen aus der Event- und Marketingkommunikation: Erst der »Clean Exit«[4] sorgt so richtig für Wirkung. Wichtig ist der Schluss einer ganzen Rede, die *peroratio* der alten Rhetorik. Wirkung durch Zielorientierung.

Unser Alltag hält viele Beispiele bereit. Die Zugabe auf Konzerten wirkt am stärksten; sie wird oft ausgeklügelt ausgewählt. Der letzte Bissen prägt das Urteil über eine Mahlzeit. Bewerber haben bessere Chancen auf einen Job, wenn sie als letzter Kandidat zum Vorstellungsgespräch eingeladen waren. Schlussorientierung schafft Wert.

Im Hotel de Rome in Berlin bat ich den Kellner zuerst um einen Espresso und danach im selben Satz um zwei rohe Eier. Was? Nicht gebraten, nicht pochiert, nicht gekocht? Unglaublich, ich tue, was Entsetzen hervorruft. Aber ich weiß auch, dass Hotels keine rohen Eier herausbringen dürfen, und so begann eine längere Debatte. Den Espresso hatte der Kellner vergessen, am Ende sogar ich, wir mussten beide lachen. Es scheint offenbar eine weitere Regel zu gelten. Ist das zuletzt Genannte attraktiv, hat es alles andere davor besonders schwer. Etwa wenn das am Ziel der Äußerung Genannte einfach nur ungewöhnlich ist. Das zuerst Genannte verschwindet nicht selten vollständig.

3 Der Primacy Effect

Ganz so eindeutig ist es dann doch nicht: Für jede Situation gibt es den passenden Argumentaufbau. Hovlands Team hatte zunächst das Gegenteil des Schlussprinzips bewiesen, den Primacy Effect. Was zu Anfang kommt, wird mit besonderer Aufmerksamkeit bedacht. Die methodische Konsequenz daraus scheint, dass das Spektakulärste vorn platziert wird.

Auch für diesen Primacy Effect gibt es Argumente und Erfahrungen. Sehen wir uns ein kleines Event an, vielleicht ein Meeting. Wir setzen uns, es beginnt, jemand fängt an, zu reden, hat die Agenda, bittet vielleicht jemand anderen, das Wort zu übernehmen, dieser ergreift es. Die- oder derjenige macht sich den Primacy Effect zunutze; das hat mehrere Vorteile.

1. Die Aufmerksamkeit ist hoch. Die ersten Worte werden aufgesogen.
2. Die Chance, Spannung zu erzeugen, ist ebenfalls hoch.
3. Wer zuerst eine Marke setzt, auf den wollen sich viele der Anwesenden beziehen.

Solches Agenda Setting kann entscheidend sein für alles Weitere: Solche *first mover* bestimmen die Richtung. Aber Vorsicht, sicher ist das nicht! Ist das Pulver verschossen, sieht man oft nur noch weißen Rauch.

Wer zu Anfang eine Marke setzt, wird als jemand erkannt, der einen Plan hat. *First mover* sind gut, *second mover* aber am Ende oft besser. Dieser Effekt basiert auf der Annahme, dass wir uns an zuerst Gesagtes am besten erinnern. Aber zu erinnern ist nicht gleichzusetzen mit dem Erzielen einer nachhaltigen Wirkung.

Am erfolgreichsten sind natürlich diejenigen, die sowohl am Anfang als auch am Ende punkten. Die Rautenform in der Grafik auf Seite 80 setzt beides um, Primacy Effect und Recency Effect. Beide Effekte stehen für verschiedene Wirkungen. Zwei einfache Beispiele, von denen das erste den Kern – in diesem Fall das Argument Motorschonung – an den Anfang setzt, im zweiten ans Ende:

PRIMACY EFFECT

DAS PREMIUMBENZIN SCHONT DEN MOTOR,
DAFÜR IST ES NATÜRLICH ETWAS TEURER

RECENCY EFFECT

DAS PREMIUMBENZIN IST NATÜRLICH ETWAS
TEURER, DAFÜR SCHONT ES DEN MOTOR

ANFANG ODER ENDE WIRKUNGSVOLL?

4 Das letzte Wort

Das zweite Beispiel scheint überzeugender zu sein, anders gesagt, der Recency Effect scheint langfristig wirksamer zu sein, und der sagt: Der Endpunkt entscheidet über das Ergebnis Überzeugung – die mehr ist als bloßes Erinnern. Hier liegt die Begründung des Zielsatz-Prinzips. Wir können uns das vor Augen halten, wenn wir beobachten, wenn sich Menschen gegenseitig die Tür aufhalten: »Nach Ihnen!« Berühmt ist das Video, auf dem Arafat und Clinton minutenlang darum kämpften, wer dem anderen den Vortritt lässt. Der Wichtigste betritt als Letzter den Raum.
Ein Topos des Alltags ist das Bild vom »letzten Wort« – es hat magische Kraft. Solange es nicht gesprochen ist, ist alles offen. Das letzte Wort fasst zusammen, es gibt die entscheidende Deutung. Das letzte Wort stellt letzte Aufgaben; wer es hat, gewinnt Hoheit. Das letzte Wort hat die oder der mit der größten Macht, die oder der Höchste der Hierarchie. Aber nicht immer ist es von irgendeiner Rangordnung abhängig. Oft auch hat das letzte Wort die Person mit der wirkungsvollsten Pointierung. Zurück zu unserem Meeting-Beispiel. Wenn sich das Ende abzeichnet, geht oft jemand mit einem starken Statement in Führung.

5 Die gängigen Irrtümer

Unsere tägliche Sprache ist eher nicht auf einen Schluss hin organisiert, oft nicht einmal in vermeintlich hoch professioneller Kommunikation. Ich habe es mit unzähligen Redetexten und Q&A zu tun. Manche sind gut geschrieben, manche zu schriftdeutsch – oder schriftenglisch – und die allermeisten sind einfach zu gut geschrieben für Gebrauchsreden und -antworten. Die Texte sind sehr verschieden, aber wenn sie nicht funktionieren, wenn die damit Auftretenden nicht durchdringen, dann haben sie fast immer dieselben entscheidenden Probleme gemeinsam: Viele Rede- und Antwortkonzepte sind unwirksam aufgebaut:

- Sie sind kastenartig
- oder zu assoziativ
- oder sie beginnen mit dem Wichtigsten
- oder sie holen nicht ab
- oder sie werden am Ende breit. In jedem Fall pointieren sie nicht.

Hinter diesen Problemen stehen systematische Irrtümer:

1. Ich möchte später über leuchtende Beispiele sprechen. Zunächst ist es viel wichtiger, zu erkennen, warum manche Dinge gerade nicht funktionieren. Wer sich ansieht, warum manche Ideen einfach nicht fliegen,[5] der sieht: Fast immer ist der Aufbau schuld. Viele Geschichten werden falsch herum erzählt.

2. Das Modell für den Aufbau von Reden und Antworten scheint pure Information zu sein; Weisheiten und Wahrheiten, für die man offenbar niemanden gewinnen will oder muss, es geht dabei um Texte meist aus Studien, Lexika, aus Berichten und Chart-Handouts. Das ist Expertenkommunikation ohne Wirkungsabsicht. Es wird nur nach sachlicher Richtigkeit und Wichtigkeit angeordnet.

3. Problemlösung, Information und Kommunikation werden oft gleichgesetzt – oder einfach verwechselt. Aber es bleiben ganz unterschiedliche Dinge. Methoden, etwas zu durchdringen, und solche, darüber zu reden, unterscheiden sich. Es ist falsch, die Lösung eines Problems und den Akt seines Aussprechens mit denselben Methoden anzugehen. Man soll den Denkprozess vom Schreibprozess trennen.[6] Dieser Imperativ ist begründet: Methoden der logischen Problemlösung sind nicht zugleich geeignete Methoden ihrer Vermittlung.

4. Differenzen zwischen schriftlicher und mündlicher Sprache scheinen unbekannt. Die meisten Ratgeber setzen stillschweigend schriftliche Kommunikation als Maßstab, oder sie neh-

men gar Charts als Normalfall. Sie behandeln Mündliches nur am Rande als Appendix. Eines gilt aber ohne Ausnahme: <u>Ohne mündliche Sprache ist persönliche Wirkung nicht zu schaffen.</u>

Mit den Methoden der vorhergehenden Problemlösung – oder dem Informieren darüber – würden wir nicht überzeugend sprechen. Eine Mind Map, als Beispiel, ist kein Redekonzept. Ein Organigramm ist kein Redekonzept, Notizen auf Handout-Charts werden selten zu guter Rede oder Antwort. <u>Viele Inhalte entfalten zu wenig Wirkung, weil sie nicht dem Prinzip Pointierung folgen.</u>

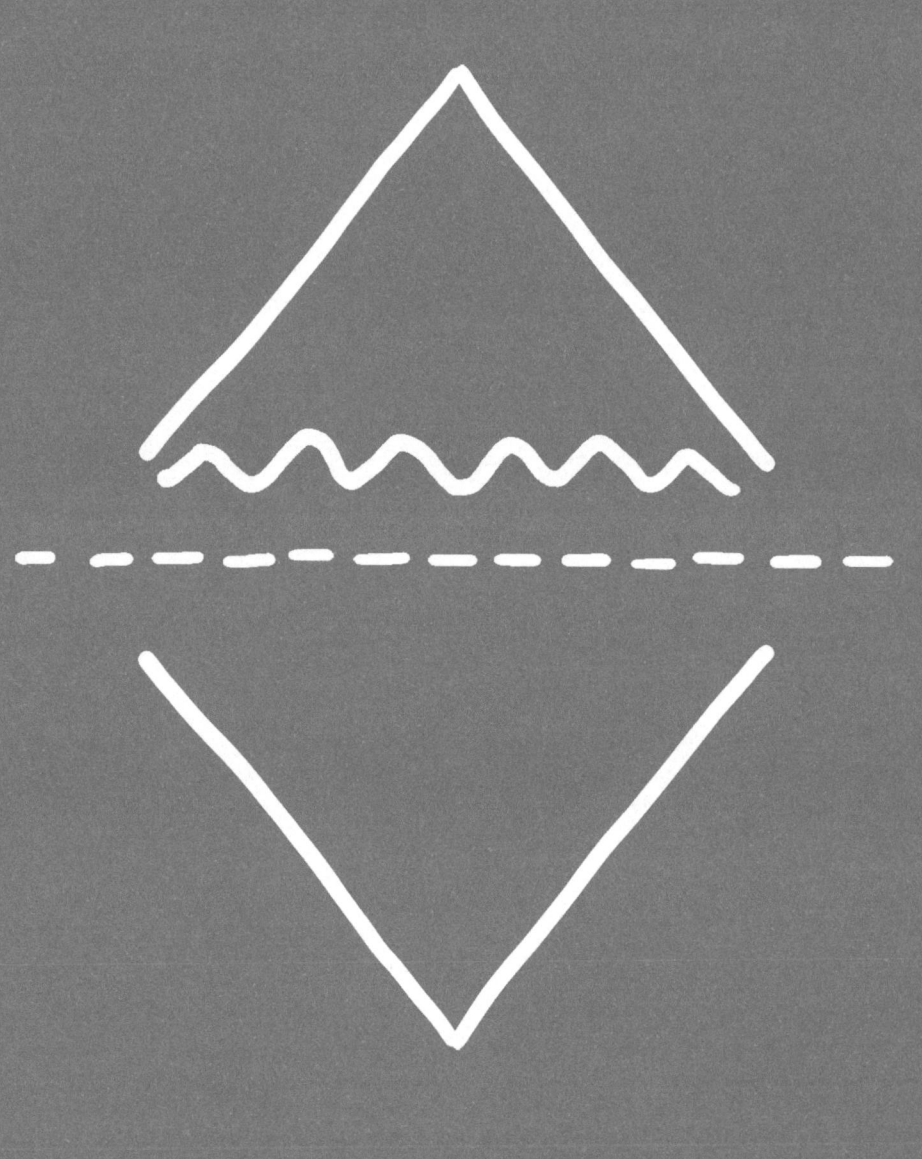

1

Das Prinzip Pointierung

1.1 Ein altes universales Prinzip

Die Begründung des Zielsatz-Prinzips ist nicht neu. Der Sprechkundler Christian Winkler, der sich Mitte des letzten Jahrhunderts mit Sprechwirkung befasste, beschrieb in seinem 1954er-Standardwerk, was er den »Zwecksatz« nannte: Ein Satz, »der also nicht am Anfang der Rede steht, sondern in endgültiger spruchhafter Formulierung an ihrem Ende«.[7] Er bezog sich auf Erich Drach, den Urvater der Sprechwissenschaft, der in den 1920er-Jahren Redeübungen auf einen Punkt hin beschrieb. Ein altes Prinzip: In der Redeplanung auf einen Punkt hin organisiert, und in der Satzplanung mündlich.

Warum haben es schlechte Ideen manchmal so leicht? Weil ihre Wirkung höher ist. Und genauer: Weil sie besser dargeboten werden! Missratene Wirkung liegt fast immer an der Art ihrer Erzählung. Das gilt mündlich, ganz sicher schriftlich aber auch. Warum wird ein »Morning Briefing« von fast einer halben Million Menschen täglich gelesen? Die Begründung liegt wieder im Aufbau: Jeder einzelne Teil holt ab, manchmal schäumt er wirkungsvoll auf, immer aber – und darauf kommt es an – ist der Inhalt auf das Ende hin pointiert. In der deutschsprachigen Schriftwelt sind die wirkungsvollsten Texte meist so aufgebaut. Das Prinzip findet sich in den besten Texten, die die Publizistik der Gegenwart kennt, von Karl Kraus bis Gabor Steingart. Und es findet sich in englischer Literatur und Gebrauchsrhetorik erst recht. Zudem gibt es unzählige Belege aus Asien. Das Zielsatz-Prinzip ist universal.

Ist das Zielsatz-Prinzip an Sprache gebunden? Für die Antwort könnte man herausfinden, was Kleinkinder denken. Nicht einfach; Kleinkinder kommunizieren prälingual; Erwachsene fragen, Kinder weisen auf etwas. Diese Antworten hat Emily Sumner von der University of California in Irvine eruiert, indem sie kleinen Kindern begrenzte Optionen bot: »Willst du X oder Y?« Emilys Arbeiten zeigten: Besonders Kleinkinder zeigen dann eine Neigung zur Aktualität, wenn sie die gestellte Frage nicht verstehen. Kinder können sich nur an die zuletzt genannte Option erinnern. Deshalb antworten sie mit der zuletzt genannten Option. Die Forscherin weist auch darauf hin, dass ihre Erkenntnisse nicht unbedingt relevant sind für Überzeugungskraft und noch nicht sicher etwa auf den Geschäftswelt übertragbar sind.[8] Emilys Arbeiten zeigen aber auch, dass die stärkere Wirkung alles zuletzt Genannten schon im präverbalen Stadium gilt, in dem noch nicht verbal kommuniziert wird. Das Zielsatz-Prinzip ist also keineswegs an Sprache gebunden. Das Prinzip Pointierung ist sprachuniversal.

1.2 Das Phänomen Punkt

Immer wieder ist in Rhetorikratgebern von einem Bild die Rede, und das ist der Punkt. Auch im Titel mancher Bücher, die selbst nicht auf den Punkt kommen, steht ein Punkt. Einen Punkt setzen zu können, scheint das Höchste zu sein. Der Punkt ist der heilige Gral.
Die meisten Ratgeber allerdings setzen den Punkt an den Anfang. Das ist erstaunlich, denn »auf den Punkt« kommt ja gerade nicht das, was mit ihm beginnt. Es geht ja von ihm weg und wird oft genug breit statt spitz. Wer »auf den Punkt kommen« ernst nimmt, stellt unsere erlernte Methode – erst behaupten, dann begründen – vom Kopf auf die Füße. Es gibt sicher viele Hebel sprachlicher oder persönlicher Wirkung, die man bedienen kann, aber auf das Ziel hinzugehen ist der sicherste. Es gibt keine gute Wirkung ohne Punkt.

1.3 Wenn Pointierung nottut

- Ein paar einleitende Worte sind gefragt, die sollen trotz geringen Neuigkeitswerts professionell werden.
- Ein Journalist fragt, wie Qualitätsmängel beim Produkt erklärbar sind.
- Der Geschäftsführer fragt auf einem Event, wie Sie über den neuen Internetauftritt denken.
- Es entwickelt sich eine Diskussion zu einem aktuellen Thema, zu dem ein Statement gefragt ist.
- Eine Podiumsdiskussion ist vorzubereiten.
- In einer Führungsrunde wird ein Konzept vorgestellt, und Kritik müsste formuliert werden.

1.4 Strukturen mit und ohne Pointierung

1.4.1 Scheinbare Vielfalt

Über Aufbau-Formen diskutieren die Rhetoriker seit über 2500 Jahren, später im Mittelalter die Predigtlehrer. Seitdem gibt es die verschiedensten Vorschläge, wie Äußerungen aufzubauen seien. Der einfachste der Neuzeit ist der Aufsatzplan:

- Einleitung
- Hauptteil
- Schluss

Das ist zugleich die herkömmliche Struktur des Statements; sie lässt offen, ob Anfang oder Ende den stärksten Punkt enthalten. Die einfache analytische Struktur hilft schon eher, auf einen Punkt zu kommen:

- Tatsachen schildern
- Ursachen darlegen
- Schlussfolgerungen formulieren

Manche Aufbauvorschläge für Statements, vor allem in der Verkaufs-
kunst wie Heinz Goldmanns EMMA,[9] enden eher stumpf mit dem
Bekannten:

- Erwartungen
- Meinungen
- Motive
- Aktuelle Situation

Vorbild war ein ähnliches Modell. Die AIDA-Formel zum Beispiel
wurde schon 1898 von St. Elmo Lewis[10] zur Strukturierung von Ver-
kaufsgesprächen vorgeschlagen. Sie beschreibt ein mehrstufiges Wer-
bewirkungsmodell, das sich in verschiedene Phasen gliedert. AIDA
steht für die vier verschiedenen Phasen:

Attention – Interest – Desire – Action

Diese Formel wurde nicht nur für rhetorische Wirkung von Menschen angewendet, sondern noch öfter für die Werbewirkung von
Kampagnen: Wer als potenzieller Käufer die ersten drei Stufen schafft,
nimmt auch die letzte Hürde. Der Urheber beschrieb später genauer
das Ziel: Er nannte es dann *create conviction*. Überzeugung schaffen
bedeutet: Die Schlüsse der Werbebotschaft sollen von der Zielgrup-
pe als richtig und vernünftig empfunden werden. Der Schluss entscheidet über den Überzeugungserfolg.

Weltweit haben später Berater ähnliche Modelle kreiert, wie PARADE[11]
oder auch eine STAR-Methode:

P roblem	**S** ituation
A nticipated Consequence	**T** ask
R ole	**A** ction
A ction	**R** esult
D ecision-Making Rationale	
E nd-Result	

Es gibt weitere zahllose nicht-rhetorische oder unwirksame Aufbau-formen, die nur für das Informieren geeignet sind. Oft sind sie zu deskriptiv:

- Analyse
- Ziel
- Mittel

Welche Methoden wir auch immer heranziehen: Informieren und überzeugen bauen diametral verschieden auf.

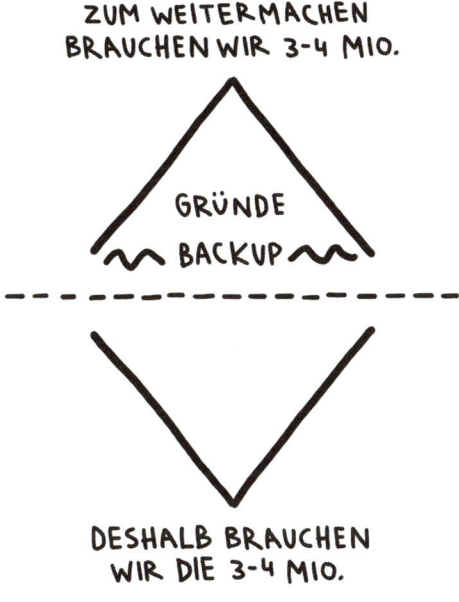

INFORMIEREN: BEGINNEN MIT DEM KERN
ÜBERZEUGEN: ENDEN AUF DEM ZIELSATZ

NEBENGEORDNET		1. UND 2. UND 3.
UNTERGEORDNET		WENN DANN FOLGLICH
SPEZIFIZIERT		FOLGENDES ... 1. DAFÜR / DAGEGEN 2. DAFÜR / DAGEGEN
ZUSAMMENGEFÜHRT		A BEHAUPTET B WIDERSPRICHT BEIDE REDEN VON HIERIN ZEIGT SICH
ENTGEGENGESETZT		EINERSEITS ANDERERSEITS BEIDE HEBEN SICH AUF IN ...
AUSGEKLAMMERT		UNTER ANDEREM O.K. ALLERDINGS GERADE DIES

ARGUMENTATIONSMUSTER

1.4.2 Die einfachste Pointierung

Die Strategieberater, jedenfalls die erfolgreichen unter ihnen, betreiben das Geschäft der Vereinfachung. Sie fanden die einfachste Pointierung – und schlagen eine Drei-Schritt-Technik vor. Diese noch nicht ganz auf den Punkt komprimierte echte rhetorische Struktur stammt von McKinsey & Company: Situation – Complication – Solution.
Ein ganz klar wirkungsorientiertes Modell. Für eine Investorenpräsentation kann das so aussehen:[12]
»Situation: *Junge Menschen wollen Autos besitzen. Individuelle Mobilität hatte eine so hohe Priorität, dass sie bereit waren, einen großen Anteil ihres verfügbaren Einkommens dafür auszugeben und dafür auf andere Dinge zu verzichten.*

Complication: *Die Digitalisierung hat dem Begriff Mobilität eine neue Dimension gegeben. Junge Leute geben viel Geld für digitale Kommunikationswerkzeuge aus. Für ein Top-Smartphone und zugleich für ein eigenes Auto reicht das verfügbare Einkommen aber leider nicht. Derweil stehen Privatwagen 95 Prozent des Tages herum.*

Solution: *Von-privat-an-privat-Carsharing. Versicherungsproblem wurde mit Partner gelöst. Die Idee ist Teil eines größeren Trends, nämlich der Sharing Economy. Es handelt sich um ein skalierbares Modell, da die Plattform provisionsbasiert ist. Es gibt x aktive Nutzer mit durchschnittlich y Umsatz. Die monatlichen Zuwachsraten sind zum Beispiel ...«*

Das ist noch nicht wirklich sprachlich pointiert, nicht jede »Solution« ist gleich ein Zielsatz, im Gegenteil. Vor der Situierung kommt oft schon die These:

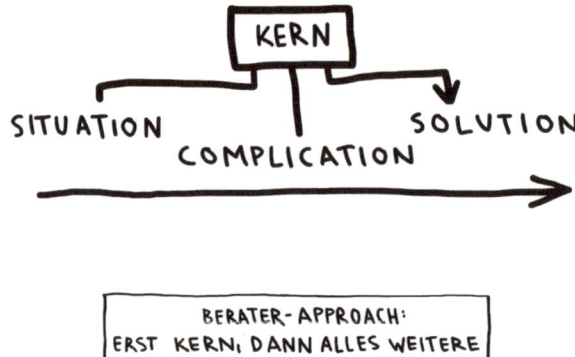

1.4.3 Das Prinzip Fünf

Wenn wir irgendwohin Blumen mitbringen, wie viele nehmen wir? Wir nehmen drei, wir nehmen fünf oder sieben. Ein Blumenstrauß braucht eine prominente Mittelblume.[13] Sieben Zwerge, sieben Berge; auch die angeblich magische Sieben geht ohnehin immer. George A. Miller[14] beschrieb 1956, dass ein Mensch gleichzeitig nur 7 ± 2 Informationseinheiten im Kurzzeitgedächtnis präsent halten kann.

Viele Filmemacher gehen nach Zahlenregeln vor. Eine Sequenz hat meist drei oder fünf Bilder, fast nie vier. Für Texte wird das ebenfalls behauptet; ein Beleg dafür ist nicht zu finden: Fünf Sätze brauchen wir angeblich, um etwas zu erfassen.

Theaterleute wissen: Das Drama nach Gustav Freytag hat fünf Akte: Einleitung (Exposition), Steigerung (Eskalation), Höhepunkt (Peripetie), Umkehr (Retardation) und Schluss (Katastrophe). Und das gilt ebenso für Gliederungspunkte des Statements. Und selbst in wirkungsvollen großen Reden findet man ähnliche Prinzipien: die drei, die fünf oder die sieben – und die fünf am häufigsten.

- Wir wissen, Verkehrssituation unhaltbar:
- Kinder auf dem Schulweg gefährdet,
- Anwohner durch Lärm belästigt,
- Abgase verpesten die Luft,
- Umgehungsstraße bauen!

Eine typische Linie, die wie eine Kette auf einem Punkt endet. Es ist eine von wenigen wiederkehrenden Statement-Mustern. Wir sind beim »Fünfsatz«. Keine Methode der Redeplanung ist derart oft angewendet worden: eine Rededidaktik, die sowohl Höreranschluss als auch Zielgerichtetheit als auch logische Planung zu trainieren gestattet. Es sollen nicht mehr als fünf Sätze sein. Der Sprechwissenschaftler Christian Winkler schrieb 1954: »An solchen Hauptpunkten, lehrt die Erfahrung, soll man dem Hörer nicht mehr als fünf zumuten.« Das geht zurück auf Erich Drach.[15] Hinter vielen hervorragenden Statements scheint diese Methode hervor. Der Fünfsatz und seine Beispiele kommen immer wieder in Plagiaten vor, oft seitenlang wörtlich abgeschrieben ohne Quelle. Nicht immer wird er richtig verstanden, etwa eine »Standpunktformel«, die mit Ach und Krach auf die fünf kommt. Punkt vier und fünf sind gleich:

1. These
2. Argument
3. Beispiel
4. Schlussfolgerung
5. Zwecksatz

Hier die Fünfsatz-Modelle im Original, die mein Doktorvater Hellmut Geissner 1968 vorstellte, und seine so oft plagiierte Erklärung:[16]

»Der Fünfsatz: Es gibt ein Verfahren, das erlaubt, mit wenigen Sätzen einen gegliederten Beitrag zu liefern, der von einem Standpunkt in der Peripherie den Sachkern erreicht. Für die Ad-hoc-Planung muss der Weg umgekehrt verlaufen: Der den Kern anzielende Zwecksatz ist zuerst zu überlegen, dann seine Begründungen und der Einsatzpunkt in der Sprechsituation, sei es ein Beginn oder eine Vorrede. Genau dieses gesuchte Verfahren ist der Fünfsatz. Die Reduktion auf fünf Sätze leistet fünferlei: 1. Im fünften als Zwecksatz, einem meist sentenzartig, in Ausnahmefällen auch als Frage formulierten Satz, wird

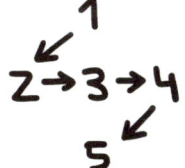

die Kurzrede zugespitzt; sie verliert sich
nicht, fasert nicht aus, ist nicht stumpf.
Der Fünfsatz ist redewirksam! 2. Im drei-
fach gegliederten Mittelteil kann so kurz
wie möglich, aber so ausführlich wie nötig
begründet, erläutert, veranschaulicht
werden, und zwar (zum Beispiel) in einer
vollständigen logischen Schlussfigur oder
in einem dialektischen Dreischritt. Der
Fünfsatz ist logisch geordnet! 3. Im ersten
Satz wird, sei es als Behauptung, sei es
als Frage, die Sprechsituation eingefangen,
werden die Hörer einbezogen, wird am
Vorredner angeknüpft, das eigene Wort-
melden motiviert. Der Fünfsatz ist situativ
gesteuert! 4. Die Konzentration auf fünf
Sätze verbietet umwegigen Gliedsatzbau,
obwohl keineswegs nur Einfachsatz-Para-
taxe möglich ist: Sie zwingt deshalb dazu,
das anschauliche, treffende Wort zu suchen. Der Fünfsatz ist im Sprachstil prägnant! 5. Dieser Sprachstil im fünffach
gegliederten, zugespitzten Sinnganzen
verlangt ein präzises, gespanntes und auf
ein »Epiphonem« des Schlusssatzes span-
nendes Sprechen. Der Fünfsatz ist im
Sprechstil »Rede«!
Der Fünfsatz verlangt vom Sprecher: Denk-
zucht, Sprachzucht, Sprechzucht. Er ver-
hindert das Vorbringen unbegründeter
Behauptungen und purer Verneinungen.
Er fordert – so paradox das klingen mag –
beides: Zurückhaltung und Engagement. Wer den Fünfsatz
beherrscht, kann situationsbezogen, kurz, sachlogisch geordnet, prägnant und redewirksam sprechen. Er beherrscht ein

geschliffenes, mit Erlaubnis des Superlativs:
das geschliffenste Instrument der Diskussions-
rede.

Die unterschiedlichen Figuren: A. entspricht
der gängigen Rede- und Aufsatzgliederung
in Einleitung, Hauptteil, Schluss. Dabei ist zu
beachten, dass die drei Denkschritte im Mittelteil gleichgewichtig nebengeordnet sind. Beim
Planen ist der fünfte Satz zuerst zu erfassen, beim Sprechen
ist er natürlich der letzte. Planverlauf – Sprechverlauf:

A – der Aufsatzplan: 1 Einleitung, 2–4 Hauptteil, 5 Schluss

B Die »Kette« enthält eine chronologische oder stringente
   Abhängigkeit der Glieder.
1. Ich meine, der Vorschlag X ist gefährlich,
2. wir müssen überlegen, ob nicht …
3. mir scheint der bessere Weg, wenn …
4. dann nämlich könnten wir …
5. wir haben zu entscheiden, ob …

C Die »Dialexe« baut dialektisch auf. Zum Beispiel:
1. Dem Referenten danke ich für eine Menge neuer Einsichten …
2. unter anderem hat er gesagt …
3. dagegen ist aber auch zu halten, dass …
4. vergleicht man beide Ansichten, dann …
5. aus diesem Grunde schlage ich vor …

D Die »Gabel« geht vom Allgemeinen zum Besonderen.
   Zum Beispiel:
1. Gemeinhin sieht man die Sache so …
2. aus unserer Erfahrung aber …
3. denn erstens …
4. außerdem zweitens …
5. folglich …

E   vergleicht zwei Positionen. Zum Beispiel:
1. Die A-Partei hat folgenden Standpunkt ...
2. sie begründet ihn mit ...
3. die B-Partei vertritt den entgegengesetzten Standpunkt ...
4. sie begründet ihn mit ...
5. Ich kann mich für keinen von beiden entscheiden, sondern ...

F   versucht einen Kompromiss. Zum Beispiel:
1. A behauptete ...
2. B widersprach mit dem Hinweis auf ...
3. mir scheint, die beiden treffen sich in einem Punkt ...
4. hier liegt vielleicht die Lösung, denn ...
5. wir sollten in dieser Richtung weiterdenken ...

G   klammert eine Ansicht aus. Zum Beispiel:
1. Wir reden schon eine Weile über ...
2. bislang drehte sich alles um ...
3. dabei wurde übersehen, dass ...
4. gerade dies scheint mir aber besonders wichtig, weil ...
5. Ich stelle den Antrag ...

Hinter dem Fünfsatz steht ersichtlich eine Drei-Schritt-Idee:
1   Situativer Einstieg ...
2–4 Hauptteil – Aussagen oder Fragen
5   Schluss, Hauptaussage, Ziel

Anschluss/Gemeinsamkeit
Beispiel entfalten
Zielsatz: gemeine oder bekannte Deutung auf Einzelfall
parteiisch anwenden

Anschluss/Gemeinsamkeit
Für und Wider entfalten
Zielsatz: Entscheidung

Anschluss/Gemeinsamkeit
Ausklammerung
Zielsatz: eigene Definition

Anschluss/Gemeinsamkeit
Zugeständnis
Zielsatz: Handlungsvorschlag mit Konsenschance

Anschluss/Gemeinsamkeit
Für und Wider
Zielsatz: Kompromiss

1.5 Pointierung als Entladung

Meine erste Hausarbeit im Studium der Sprechwissenschaft hatte das Thema »Spannung und Entspannung«. Für das Erforschen und Lehren des Sprechens – das verstand ich erst viel später – ist genau das elementar. Dynamik der Stimme entsteht, indem vorher entspannt wird – indem ausgeatmet wird, nicht eingeatmet. Die enorme Durchschlagskraft der Kampfkunst erklärt sich aus der Fähigkeit vollendeter Entspannung; die Shaolin-Mönche sind die Meister darin. Eines haben die letztlich physisch-körperliche Wirkung durch Sprechkunst und geistige durch Argumentationsanordnung gemein: Sie enden auf Lösung einer Spannung. Lösung ist nur mit vorheriger Spannung möglich.
Methode jeder Pointierung ist in allen Fällen die Herstellung scharfer Spitzen – und die brauchen Zeit, zu wirken. Danach löst sich in einer Pause die Spannung. Ein Gefüge aus Spannung und deren Auflösung ist Basis letztlich jeder Struktur. Sex besteht aus Spannung und Auflösung, auch Essen und Trinken. Alle Sportarten sind Spannungs-Auflösungs-Systeme. Eine der ursprünglichsten Sportarten, die das umsetzt, ist das Boxen, welches am Punchingball trainiert wird. Der Begriff Punchline steht im Englischen auch für den Zielsatz.[17]

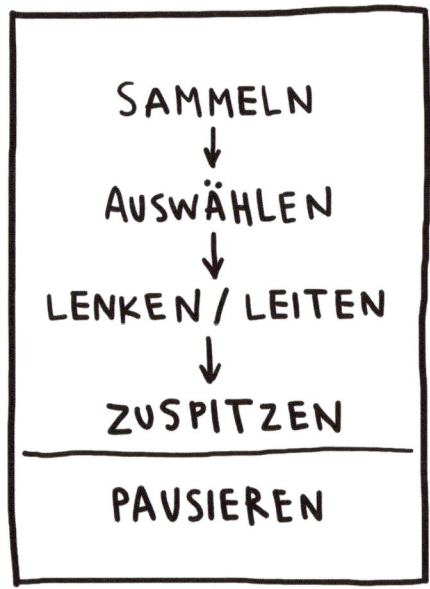

Dies ist ein Kasten, wie in so vielen Erläuterungen. Um das Prinzip der Pointierung zu visualisieren eignen sich Dreiecke weit besser, dazu später mehr. Dreiecke sind Klassiker jedes Designers. Dreiecke sind klar genug, Phänomene einfach zu erklären: Vor allem kann ein Dreieck eine Metapher für Pointierung sein.[18] Das Dreieck zeigt deutlich die pointierende Siebung als Methode: Das Dreieck mit der Spitze nach unten bedeutet Aussortierung. Spannung baut sich auf, indem Inhalte weniger werden und auch dadurch wirksamer.[19] Etwas wird eliminiert, damit das Allerletzte am stärksten wirken kann.

1.6 Pointierung in Kultur und Natur

1.6.1 Pointierung in der Bibel

Bevor wir uns auf Rede und Antwort konzentrieren, können wir in der Umgebung suchen. Wir müssen nicht weit gehen, nur bis zur Bibel. Der vielleicht am sichersten pointierte Satz der Bibel:

Der Herr hat's gegeben
Der Herr hat's genommen,
Gesegnet sei sein Name.

1.6.2 Pointierung im Märchen

Das Märchen zielt *per definitionem* auf Wirkung. Es ist schon deshalb auf das Ende hin konzipiert; wir sagen ja auch: »Die Moral von der Geschicht«. Vor allem die Gebrüder Grimm, die die Germanistik begründet haben, pointieren ganz wunderbar:

»Da lag die Großmutter und hatte die Haube tief ins Gesicht gesetzt und sah so wunderlich aus. (...) »Ei, Großmutter, was hast du für große Ohren!« – »Damit ich dich besser hören kann.« – »Ei, Großmutter, was hast du für große Augen!« – »Damit ich dich besser sehen kann.« – »Ei, Großmutter, was hast du für große Hände!« – »Damit ich dich besser packen kann.« – »Aber, Großmutter, was hast du für ein entsetzlich großes Maul!« – »Damit ich dich besser fressen kann.«

1.6.3 Pointierung in der Literatur

Wir können Texte der Literatur danach einteilen, wie sehr sie auf Wirkung zielen. »Pour l'art« wäre links, sehr wirkungsorientierte Literatur rechts. Am linken Ende sind zum Beispiel Lyrikformen, die nicht pointieren. Am rechten Ende dagegen sind Dichter, die zum Handeln aufrufen wollen, die pointieren. Mit einem Wort: Brecht. Als ich Ende 20 war, habe ich ein Jahr davon gelebt, ein Programm mit seinen frühen Gedichten zu rezitieren, und mir scheinen Brecht-Gedichte, die besonders viel auslösen wollten, besonders geeignet als Beispiel für die rechte, wirkungsorientierte Seite. Seine Lyrik folgt dem Prinzip Pointierung, zum Beispiel in »An die deutschen Soldaten im Osten«. Brecht spricht die an, die in Russland sterben werden, indem er mit dem Bekannten beginnt – Hoffnung – und mit dem Entscheidenderen endet:

Der Winter hält nicht ewig,
nur bis zum Frühjahr.
Aber auch der Mensch hält nicht ewig.
Bis zum Frühjahr hält er nicht.

Viele westliche Gedichte offenbaren das Zielsatz-Prinzip. Etwa Günter Kunert, auch ein Brecht-Schüler:

Ich bringe eine Botschaft.
Und die heißt: Keine Sicherheit. Der auf Frieden
Hofft wie auf das Stillestehen der Zeit,
Ist ein Narr. Wohl: Die Waffen ruhen
Ein wenig, und die Toten der letzten Schlachten
Ruhen ein wenig, doch
Die Lebenden ruhen nicht.

Nur dort, wo vordergründige Wirkung um Gottes willen nicht gefragt ist, kommt das Zielsatz-Prinzip nicht vor, wie in einer strengen Gedichtform zum Beispiel, dem Haiku – das auf Seite 64 ff. noch vorkommen wird.

1.6.4 Pointierung in der politischen Rede

Die politische Rede strebt am unverhohlensten nach Überzeugung, und hier gibt es unendlich viele Beispiele. Wir müssen wieder ins Angelsächsische wechseln; vielen gilt Barack Obama noch immer als Vorbild. Er vertritt eine eher weibliche Rhetorik, die der europäischen oder kontinentalen Redekultur am nächsten ist. Ganz anders als sein Nachfolger – der kaum weniger erfolgreich ist. Obama bezieht fast immer die anderen mit ein. Und er steigt zu Anfang auf eine kraftvolle Höhe auf – zwei Dinge, die entscheidend sind, und auf die wir später zurückkommen werden. Und ein drittes am Ende: Hinter jeder Obama-Rede steht das Zielsatz-Prinzip, zum Beispiel in seiner ersten Siegesrede 2008:

»If there is anyone out there
  who still doubts
    that America is a place
      where all things are possible
        who still wonders
          if the dream of our founders is alive in our time
            who still question(s)
              the power of our democracy
                <u>*tonight is your answer.*</u>*«*

Leider auch hinter seinem personifizierten Gegenteil. Alle nach Wirkung strebenden Twitter-Tweets enthalten einen Zielsatz, und die von Donald Trump immer. Also müssen wir etwas Wasser in den Wein der Trump-Kritik geben: Wenn der Trichter für Wirkung steht, dann auch für die Wirkung derjenigen, die wir vielleicht nicht so mögen. Donald Trumps Tweet-Generator – man will nicht hoffen, dass es den wirklich gibt – gestattet es, nach drei verschiedenen Bausteinserien syntaktisch Sätze zusammenzubauen.[20] Trumps Tweets sind berühmt, sagen wir es offen, hauptsächlich aufgrund ihrer immensen Wirkung: Er geht immer nach dem Prinzip Pointierung vor. Zunächst die ganz einfachen:

»Thank you Bill. <u>Very Nice!!</u>«

»Look at Hillary. <u>Nasty woman!</u>«

»The ›Squad‹ is a very Racist group of troublemakers who are young, inexperienced, (...) are against the border, (...). And are against ICE and homeland security. <u>So bad for our country!</u>«

»The report of Iran capturing CIA spies is totally false. Zero truth. Just more lies and propaganda (...). Their economy is dead and will get much worse. <u>Iran is a total mess!</u>«

»*The mainstream media is out of control. They constantly lie (...). They have gone bonkers, & no longer care what is right or wrong. The large scale false reporting is sick!*«

»*It is far more costly for the federal reserve to cut deeper if the economy actually does, in the future, turn down! (...) In other words: they missed it (Bog!). Don't miss it again!*«

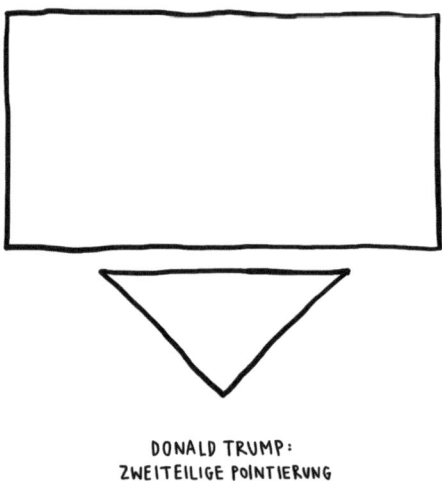

DONALD TRUMP:
ZWEITEILIGE POINTIERUNG

Und ein Tweet über sein geliebtes Twitter, das »By far!« pointiert:

»*Each of you is fulfilling a vital role in our nation. You are challenging the media gatekeepers and the corporate censors to bring the facts straight to the American people. Together, you reach more people than any television broadcast, BY FAR!*«

Wir können sagen: Den mögen wir nicht, mag sein, aber seine Wirkung ist unumstritten. Sind Sie anständiger? Schön! Kultivierter als Trump? Fein. Bleiben Sie besser in der Rolle als er?[21] Sehr gern. Aber bringen Sie es erst einmal auf dessen rhetorische Wirkung. Und die geht so: Meist zu Beginn platziert er eine Behauptung eines Sachverhaltes – die oft Zustimmung erheischen soll. Er beginnt »breit«, dann am Ende folgt die pointierende Bewertung wie »Horrible guy«! Pointierter können Zielsätze nicht sein.

1.6.5 Pointierung in der Überredungskunst

Kommen wir zur ganz harten Wirkungsrhetorik: schreiben oder reden, um etwas zu verkaufen. Das Zielsatz-Prinzip taucht hier häufig auf, am deutlichsten im Sales Funnel, dem Modell, das den Marketing- und Vertriebsprozess abbildet. Es geht von Phasen des Verkaufs aus: Visits, Leads, Qualified Leads, Opportunities und Clients. Im Gang durch den Trichter verändern sich Zahlen: Je qualifizierter und treuer, desto bedeutender sind Kunden und Kaufakte. Ein solcher Sales Funnel beginnt breit: Interessenten finden, sodann Interessenten herausfiltern, die ein Problem gelöst haben wollen. Dann solche, die kaufen. Die untere Spitze sind Kunden oder Abschlüsse.

SALES FUNNEL
AM BEISPIEL E-COMMERCE

Der digitale Sales-Trichter ist besonders unbarmherzig. Ob Suchmaschine, Landing Page oder Event: Beim Eintritt in den Trichter werden günstige Produkte angeboten, im Weiteren steigt Vertrauen, das wiederum Akzeptanz für immer hochmargigere Produkte erzeugt. Von Interessenten – die 10 000 – zu Kunden – die 10.

Der Sales Funnel als Muster wirft den 2000 Jahre alten ethischen Aspekt der Rhetorik auf, ob nämlich Wirkung ein reflektiertes Handeln ist oder ein Handeln im Reflex.[22] Denn rhetorische Wirkung geschieht in drei Prozeduren:

1. Überzeugen
2. Überreden
3. Manipulieren

Die Verschärfung am Ende, die dritte Prozedur, entbehrt schon jedes ethischen Korrektivs. Die Manipulation ist rücksichtslos wirksam und schließt Kritik kurz; der Sales Funnel ist ihre Inkarnation. Um es klar zu sagen: Das Zielsatz-Prinzip hat mit Manipulationstaktiken nichts gemein.

1.6.6 Pointierung in der Architektur

Die Design-Doktrin »form follows function« aus dem Anfang des vergangenen Jahrhunderts sagt: Die Funktion ist das Ziel. Das Design beugt sich der Gebrauchbarkeit. Das ist ein Effizienz-Credo; es ging um Wirkung, die nicht im Ornament besteht, eine utilitaristische Tendenz hin zur Zweckmäßigkeit. Das Ziel entscheidet, auch wenn das nicht immer eins zu eins in den Produkten der Architektur zu finden ist. Das Credo »form follows function« ordnet alles diesem einen Ziel unter. Das zielt auf das Ende. Am Ende muss man auf einem Stuhl gut sitzen können, am Ende muss man in einem Haus komfortabel wohnen können. Das Ziel ist Gebrauch.

1.6.7 Pointierung in der Musik

Beispiele für pointierte Ordnung bietet die Musik. In vielen Stücken geht es in Portionen hörbar auf ein Ende hin. In der klassischen Harmonielehre ist es der Wechsel vom siebten auf den achten Ton, der dieser Endphase höhere Wirkung verleiht. Der letzte Schritt ist oft ein Halbschritt, das erzeugt Tempo und eine Wirkung auf das Ende hin.

Das ist in der Musik kaum anders als beim Sprechen, das ja auch auditiv ist, Sprechmelodie: In beiden Fällen entsteht Wirkung durch Varianten von Melodie, Lautstärke und Tempo. Hier kann die Wirkung aus zwei ganz verschiedenen Richtungen kommen: Tempomachendes, das Accelerando – als auch Verlangsamendes, das Ritardando. Und die Coda, das Schwänzchen, rundet ab. Das Ziel bringt oft nichts Neues, sondern schließt nur formal ab. Hier wie dort so, dass man weiß: Das war's.

1.6.8 Pointierung in der Psychotherapie

Zielsatz-Prinzip heißt auch eine psychotherapeutische Methode,[23] nach der sich individuelle Ziele finden lassen. Denn individuelle Veränderungen brauchen ein Ziel, eine Formulierung eines angestrebten Zustandes in einem Satz. Die sprachliche Pointierung ermöglicht Fokussierung von Handlungen. Der Zielsatz in der angewandten Psychologie soll drei Kriterien genügen:

* positiv (keine Negation enthalten)
* eigenverantwortlich (aus eigener Kraft erreichbar sein)
* konkret (eine aktive Handlung beinhaltend)

Mit solchen letztlich psychotherapeutischen Zielsätzen soll – anders als in der Rhetorik, die auf fremdes Bewusstsein zielt – eigenes Bewusstsein verändert werden. Aber auch das Zielsatz-Prinzip in der Psychotherapie ist rhetorisch: Es zielt auf verändertes Handeln.

1.6.9 Pointierung in der Kreativitätstechnik

Eine Art Zielsatz-Technik kommt in der ersten Phase mancher kreativer Prozesse vor, wenn eine Aufgabenstellung für eine nachfolgende Ideensammlung präzisiert werden soll. Kaskadierende Fragen werden genutzt, um schrittweise zur eigentlichen Frage zu kommen. Das Fragen aus einem weiteren Umfeld führt zu einer zielführenderen Frage: »Wie können wir neue Kunden gewinnen?« Die »richtige« Frage ist so Ergebnis methodischer Zuspitzung.[24]

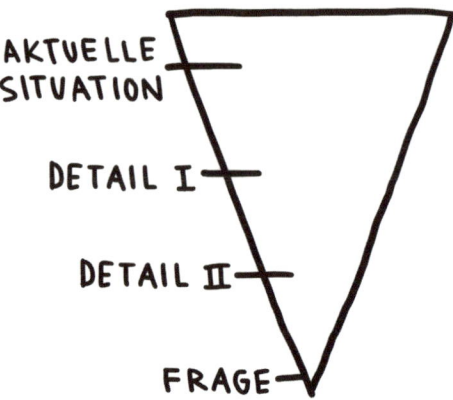

PROFESSIONELLES FRAGEN IST POINTIERT

1.6.10 Pointierung in der Moderation

Das Prinzip Pointierung ist in Moderationen fundamental: In der ARD/ZDF-Akademie bereiteten wir Radio- und Fernsehjournalisten auf rhetorische Wirkung vor. Dahinter stand ein Auftrag der Sender, die hohe Einschaltquoten erreichen wollten. Die Verantwortlichen in den Sendern – und die von Internet-Plattformen heute ebenso – wissen das, auf zwei Ebenen:

Erstens: Moderatoren und Moderatorinnnen, die pointiert moderieren, bekommen die besseren Quoten. In der Moderation von Radio-, Web- und Fernsehmagazinen wird oft angewendet: A. Aufhänger, B. Begründung, C. Centrieren, D. Durchführen und E. Endsatz.[25]

Zweitens: Die Moderation soll weniger informieren als davon überzeugen, das Folgende anzusehen oder anzuhören. Nehmen wir Anmoderationen von TV-Beiträgen, die alle das eine Ziel haben: die Landung auf dem Beginn des Anmoderierten:[26]

»Die hinführende Moderation. Diese Art der Moderation beginnt mit einer einfachen Feststellung, einer allgemeinen Bemerkung oder einem simplen Spruch. Damit wird eine gemeinsame Basis zwischen Zuschauer und Moderator aufgebaut: Es geht um etwas weithin Bekanntes und Akzeptiertes – ein Umfeld, in dem sich der Zuschauer problemlos zurechtfindet. Danach folgt Satz für Satz die Eingrenzung des eigentlichen Themas. Die Moderation wird immer konkreter und landet auf dem Zielsatz:«

»Rauchen schadet der Gesundheit. Das wissen wir alle. Es steht ja auch auf jeder Packung. Eindringlich wird da beschrieben, welche schlimmen Krankheiten die Raucher erwarten. Doch manche lassen diese Warnungen völlig kalt. Helmut Schmidt zum Beispiel. Der ehemalige Kanzler hat seine eigene Philosophie vom Umgang mit der Zigarette.«

1.6.11 Pointierung in der Verhandlungslehre

Verhandlungen sind komplex; Menschen mit unterschiedlichen Charakteren, divergierenden Interessen und unter Zeitdruck treffen aufeinander – mit niemals vollständigen Informationen. Die ZENTUNO-Verhandlungsmethode etwa geht nach einer Art Zielsatz-Methode vor. Ziel ist die Mitwirkung der Gegenseite, mit einer Art Trichter, der auf diesen Zielsatz hinführt: (1) Prozesszufriedenheit verschaffen, (2) Informationsdefizit bewältigen, (3) Mehrwert verschaffen und (4) Alternative einsetzen. In diesem »PrIMA« werden diese Leitpfosten optimal eingesetzt, vor allem dadurch, dass die Fehlerquote in entscheidenden Punkten reduziert wird. Dieser Trichter leitet alle Mittel der Verhandlungsmacht auf das entscheidende Ziel Mitwirkung.

1.6.12 Pointierung in der Dramaturgie

Was auf Wirkung aus ist, will auf einen Punkt hinweisen. Unser Alltag ist durch Dramaturgien bestimmt, und die zielen oft auf das Ende: Fahrstühle, die nach oben fahren, Fahrpläne, die auf Ankunft zielen, Kaufhäuser, die Gegenstände auf einen zentralen Punkt hin anordnen, Eingangshallen, die Rollen zuweisen, Kathedralen, die den Blick nach oben an die Spitze lenken, Einlassschranken, die Anziehungskraft bündeln.[27]

Ein Prinzip der Dramaturgie heißt Steigerung, wie sie schon in der antiken Rhetorik als *amplificatio* bekannt war. Was ist die Steigerung von Gefühl? Hochgefühl! Wir wollen mehr von dem, was uns in Stimmung bringt, in den sieben Hochgefühlen – den Pendants zu den sieben Todsünden – können wir das sehen:[28] Etwa die Joy-Effekte in Unterhaltungen, Glory-Effekte bei Auftritten von Menschen, die wie Idole wirken, oder der Bravour-Effekt nach Spitzenleistungen.

Das alles ist Kultur. Jetzt könnten wir noch beim Gegenteil nachsehen. In der Natur steht zum Beispiel die Biene für das Prinzip Pointierung. Sie sticht nur einmal, dann aber richtig: am Ende des Kampfes, bevor sie stirbt.

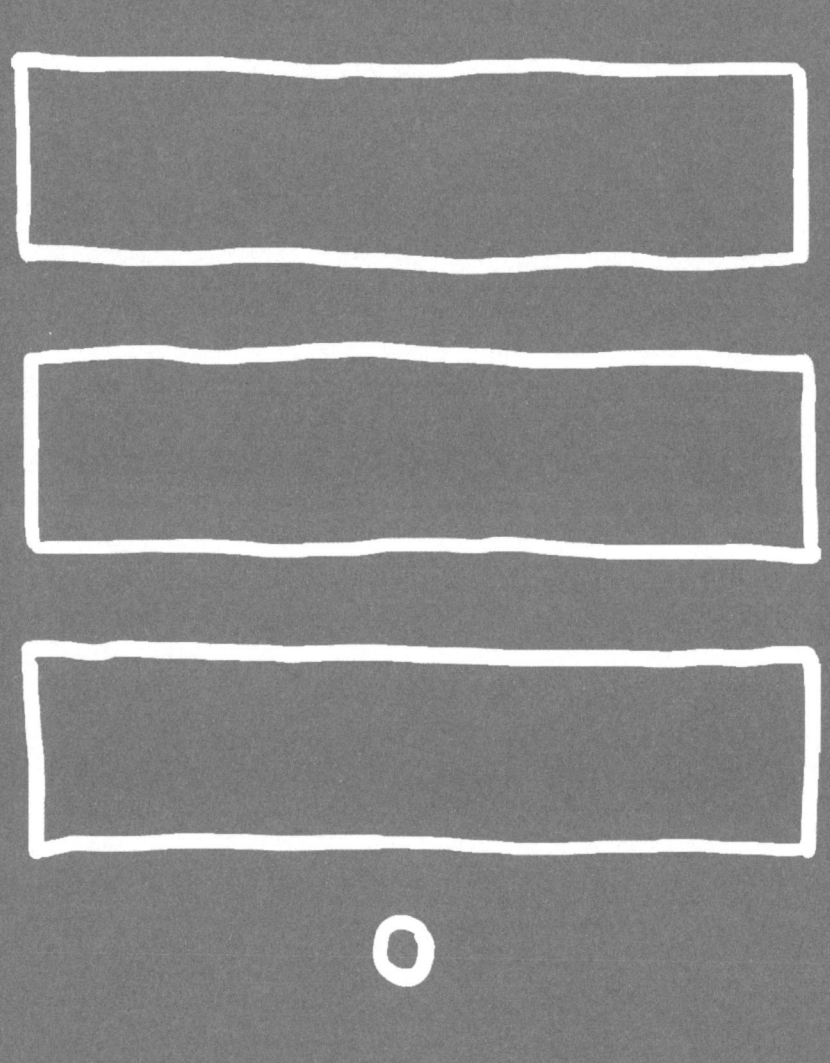

2

Gesetze der Pointierung

2.1 Wirkung durch Regeln

Komplexe Situationen lassen sich lösen durch die Anwendung klarer Regeln. Das gilt für Piloten im Cockpit, die in extremen Notlagen nach der Regel handeln: »Strömungsabriss vermeiden«, oder für Helfer am Unfallort, die Regeln gelernt haben, die Vitalfunktionen Atmung und Herzschlag des Verletzen zu prüfen und beides aufrechtzuerhalten, etwa durch die stabile Seitenlage. Oder für den Verhandler, der einen Plan macht, oder Menschen, die reden und antworten. Detailreiche Anwendungshinweise würden uns in komplexen Situationen überfordern und Fehler produzieren. Regeln bergen die Gefahr der Ausnahme, die sie bestätigen, aber: Regeln unterstützen Wirkung.

2.2 Wirkung durch Ordnung

Unsere Wahrnehmung und deren Verarbeitung sind auf Ordnung hin organisiert. Ohne Ordnung oder Struktur ist Kommunikation unmöglich. Sprache ist Struktur: Sätze sind strukturelle Beziehungen zwischen Substantiven, Verben und Adjektiven, die auf eine Betonung hin organisiert sind. Wir denken in Strukturen, träumen in Strukturen, sehen, hören, schmecken und spüren in Strukturen, in Ordnungen. Shakespeares Sonette und Mozarts Opern sind streng pointiert. Wer die Ordnung einer Schlagtechnik nicht beherrscht, wird niemals gut Tennis spielen.

Wenn wir Äußerungen hören, wünschen wir uns Orientierung; anderenfalls klinken wir uns geistig und emotional aus. Am wirksamsten scheint eine Ordnung zu sein, die nicht nur informiert, etwas aufzählt oder sortiert, sondern die mitnimmt und auf etwas hinführt. Man könnte sagen: Führung durch Ordnung.[29] Das Strukturgebot gilt auch für Texte und Redekonzepte, die am besten werden, wenn man sie grafisch konzipieren kann.

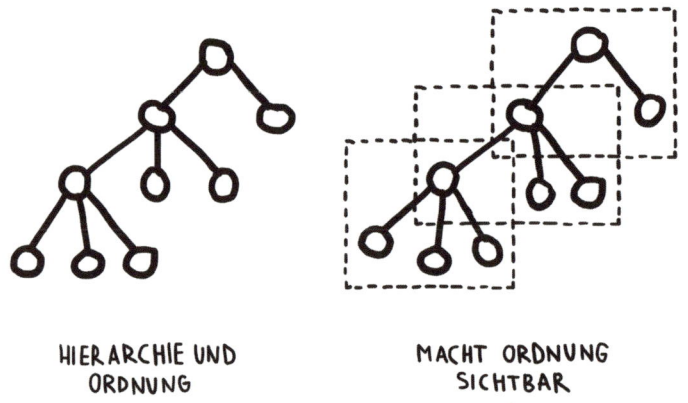

HIERARCHIE UND
ORDNUNG

MACHT ORDNUNG
SICHTBAR

Es scheint vier Möglichkeiten zu geben, Ideen zu strukturieren:[30]

1. Deduktiv – zuerst eine Voraussetzung, dann eine Schlussfolgerung: nach Argumenten
2. Induktiv – Einzelfälle – Argumente – Schluss
3. Chronologisch – erster, zweiter, dritter: Ursache – Wirkung
4. Nach Kategorien – München, Frankfurt am Main, Berlin
5. Nach Stellenwert vergleichend – am wichtigsten, am zweitwichtigsten

Wir kennen zwei Arten von Ordnung. Die eine ist auf einen Punkt hin organisiert, der anderen fehlt er.

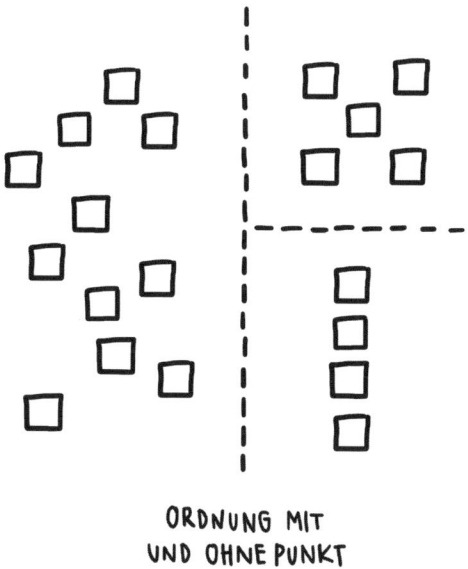

ORDNUNG MIT
UND OHNE PUNKT

Unter dem Punkt »Ordnungen« gibt es deshalb wiederum zwei Unterpunkte. Diese beiden sind Informieren und Überzeugen. Wie wir eine Äußerung strukturieren, hängt meist von unseren Zielen ab: Das klassische Muster des Informierens etwa sagt das Wichtigste zuerst. Der Aufbau dieses Buches folgt besagtem Prinzip; das Buch informiert, vom Kern bis schließlich zum Rahmen, und entfaltet den Inhalt in seine Atome. Im hinteren Teil gibt es immer mehr Details, die Tiefe nimmt zu.

Wer Inhalte entfaltet, sollte die Struktur dahinter deutlich machen. Sie sollte öfter ausgesprochen werden, etwa: »So weit die Fakten …« Besonders hilfreich ist es, Ordnungen räumlich klarzumachen: »Jetzt zu den darunterliegenden Ursachen …« oder: »Und jetzt kommt es …« Wo Bewegung ist, sollte sie strukturiert sein, möglichst auf einer Ebene. Ordnung kann auch räumlich deutlich werden, indem die oder der Sprechende sich einige Schritte bewegt.

2.3 Transformationen

2.3.1 Von zentriert zu linear

Auf dem Weg von wirkungslos zu wirkungsvoll scheinen klare Abfolgen von Aussagen immer wichtiger zu werden – eben nichts, das um etwas kreist. Unser Verstehen, noch dringlicher das Hörverstehen, scheint nach Linearität zu verlangen.

Eins nach dem anderen – dementsprechend bereits angeordnet liegt aber selten vor, was wir sagen möchten. Vieles ist zwar auf einen Punkt hin organisiert, aber der liegt oft in der Mitte. Wir kommen, vor allem wenn wir ohne Vorformulierung sprechen, von einem Mittelpunkt aus, und dann oft »vom Hölzchen auf's Stöckchen«, »vom Hundertsten ins Tausendste«. Diese Zentrierung unterstützt jedoch kreatives Denken. Das Prinzip heißt Assoziation. Der Prototyp nichtlinearen Entwickelns ist das Mind Mapping:

MIND MAP I
DER PUNKT LOSE STRUKTURIEREND

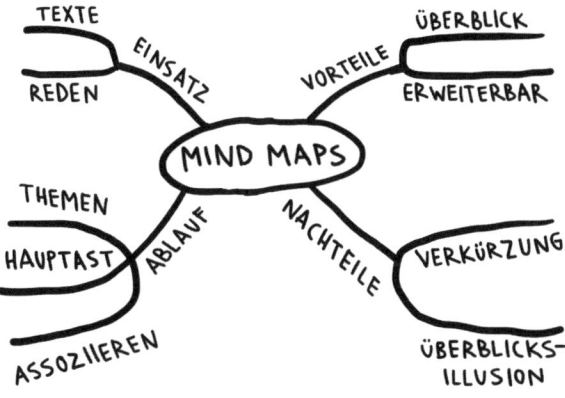

MIND MAP II
DER PUNKT ORDNET ZWINGEND

Jeder, der mit Mind Maps arbeitet, weiß: Die kreative Komplexität, die sie hinterlassen, ist oft kaum aufzufangen. Noch schwerer ist es, Texte danach zu formulieren oder gar Reden zu schreiben. Der Grund dafür ist ein Gesetz wirkungsvoller Rede: Linearität ist ein Basisprinzip in guten Reden und Antworten. Linearität entschlackt zudem. Texte werden fast um die Hälfte kürzer, wenn sie statt zentriert linear sind. Nirgendwo ist das besser sichtbar als in Grimms Märchen:

»Es war einmal eine kleine süße Dirne, die hatte jedermann lieb, der sie nur ansah, am allerliebsten aber ihre Großmutter, die wusste gar nicht, was sie alles dem Kinde geben sollte. Einmal schenkte sie ihm ein Käppchen von rotem Sammet, und <u>weil ihm das so wohl stand und es nichts anders mehr tragen wollte, hieß es nur das Rotkäppchen.</u>«

Wow! Das Ganze in zwei Sätzen. Weiter kann niemand präzisieren; konziser geht es nicht. Das Entscheidende ist hier: Der zentrale Punkt ist nicht in der Mitte. Das rote Käppchen ist zwar »zentral« – aber nicht zentriert angebracht in dem kurzen Text. Es steht am Ende.

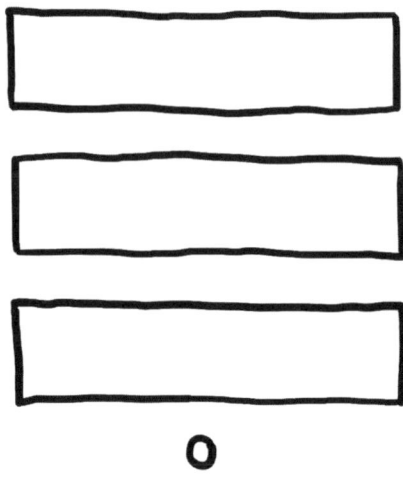

O

DER PUNKT AM ENDE

Zurück zur Gegenwart unserer Gebrauchsrede: Rhetorisches ist immer linear, und rhetorisch Wirkungsvolles ist es ganz bestimmt. Wer überzeugend reden, antworten oder schreiben will, muss Zentriertes in Lineares übersetzen.

KETTE

2.3.2 **Von amorph zu konturiert**

Die schlechteste Form, die Geschriebenes oder Gesprochenes haben kann, ist gar keine. Wir erleben diese Nicht-Form immer dann, wenn es keinen Plan gibt. Amorphes, also ungeordnet Zusammenhängendes, scheint länger, oft auch langweiliger. Viele Reden scheinen amorph – obwohl sie es gar nicht sind. Sie scheinen uns wie der süße klebrige Brei im Märchen. Schon deshalb, weil Pausen fehlen. Teilung ist entscheidend.

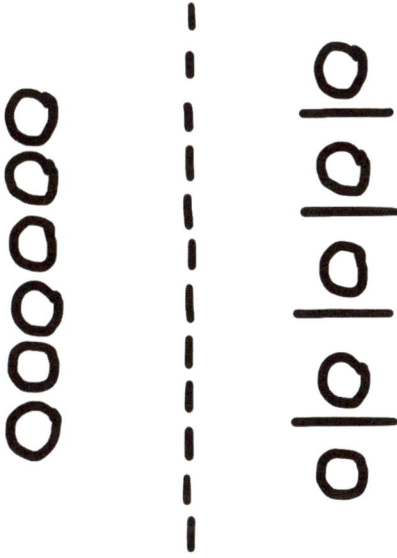

AMORPH ODER GRIFFIG

»Break to occupy« – die Pause schafft Platz, damit Hörer okkupieren können, hineinkommen – genau dann, wenn der Zielsatz gesagt ist. Gegen das Amorphe lassen sich so Pflöcke einschlagen. Dass Zuhörer »Module« der Rede einzeln nehmen können, sorgt dafür, dass das Gesprochene weniger lang erscheint. Abgegrenzte Module wirken griffig. Die Pause lässt den Hörer hinein. Dahinter steht die Einsicht: Jede gute Rede ist eine Abfolge von Trichtermodulen. Ein Beispiel, das sowohl eine Antwort sein könnte als auch ein Statement vor einem Gremium: Die Selbstvorstellung eines Managers – in zwei Teilen:

Credo CEO:
Jeder Mensch anders
   Früh gelernt: Wille zur Leistung
     Und immer zuerst: Kunden
       Auch erfahren: keiner perfekt
    Aber Team

157 Jahre alte Werte:
Fairness – Respekt gegenüber Menschen
  Mich immer verpflichtet zu klaren Worten
    Hart in Sache – freundlich zu Menschen
      DAS: Mein Credo

2.3.3 Von deduktiv zu induktiv

»Top-down« bedeutet von oben, vom Kern her, erst die zusammenfassende Idee aussprechen, und dann erst die Details. So geht vor, wer das Ergebnis vor den Prozess stellt. Das ist der Aufbau für Experten und Projektleiter, für die, die mehr informieren als überzeugen. Das Prinzip des an der Spitze Beginnens heißt in den Strategieberatungen deshalb top-down, weil es vom Kopf zu den Details geht. Es ist deduktiv.

Pointierung dagegen geht »bottom-up« vor: Vom Boden nach oben, vom Breiten zum Spitzen. Dieser Boden, mit dem alles beginnt, ist wertvoll für Verstehen wie Überzeugen. Er nimmt Hörer mit und führt sie immer enger auf einen Punkt hin; er nutzt schrittweise Zustimmung. Ein induktives Prinzip, das von Bekanntem zu Neuem führt – oder aus Beispielen Pointierungen herstellt. Bottom-up gehen wir vor, wenn der Prozess wichtig ist. »Bottom-up« nimmt mit bis zum Punkt.

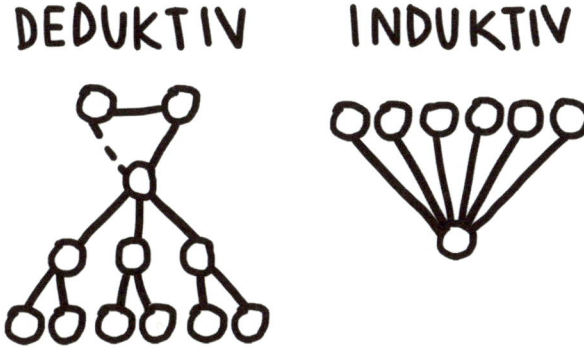

DEDUKTIV INDUKTIV

AUSSAGEN DEDUKTIV NEU HERSTELLEN – ODER AUS
ERFAHRUNG INDUKTIV ERKENNTNISSE GEWINNEN

2.3.4 Von männlich zu weiblich

Das bottom-up angelegte Zielsatz-Prinzip ist das Prinzip von Miss
Marple:[31] Die Spannung steigt zum Ende hin. Inspektor Columbo dagegen ging umgekehrt vor: Von seiner These auf Details; er hat auf
diese Art Sachverhalte logisch verknüpft, top-down.
In den 1970er-Jahren wurden an der Universität Halle-Wittenberg
Studien zur Sprechwirkung durchgeführt.[32] Die Ergebnisse waren
kaum anders als zu erwarten: Naturwissenschaftlich Erzogene sprechen eher auf deduktive Beweisführung an, Geisteswissenschaftler
eher auf induktive. Und es wurde belegt: Frauen reagieren verstärkt
auf induktive Argumentation und Männer mehr auf deduktive. Top-
down scheint insofern ein eher männliches Prinzip zu sein – und
bottom-up ein weibliches.

2.3.5 Von generisch zu konkret

Anschaulich soll es zugehen in guter Rede oder Antwort. Aber die Praxis der Redevorbereitung ist das eher nicht: Ein »Maßnahmenkata-
log« – was kann das sein? Was heißt das, wer tut dort was? Wir sind bei
einem entscheidenden Thema für rhetorische Wirkung, bei der Frage:
Sind die Wörter generisch oder konkret? Für beides gibt es Gründe.

Ob jemand in der Bahn Plakate an Stromverteilerkästen klebt oder Graffiti an Hauswände sprüht; immer ist es »Sachbeschädigung«. »Sanitäre Anlagen« reichen konkret von Toilettenbecken bis Rohrmuffe. Solche generischen Wörter lassen uns viele konkrete Dinge auf einen einzigen Begriff bringen. Wir brauchen solche Überbegriffe zur intellektuellen Verarbeitung. Alle Maßnahmen, Rahmenbedingungen, alles, was für eine unendliche Anzahl konkreter Dinge steht, ist deshalb generisch, etwa: »Veränderung durch das Internet«. Regionale Folklore, landestypische Küche: Generische Begriffe stehen für eine ganze Klasse von Dingen; sie geben vollständigen Überblick.

Aber sie schaffen keine lebendigen Bilder. Generische Begriffe eignen sich zwar für Themen und für grobe Gliederungen, die man aufschreibt, ohne schon zu wissen, was genau man an der Stelle sagen wird. Generische Begriffe lassen offen, was konkret gesagt werden wird, zum Beispiel in nur scheinbar einfachen Stichwortkonzepten – die beim konkreten Formulieren wenig helfen.

1. Einleitung
2. Anlass
3. Rückschau
4. Folgen
5. Zukunft

Auf unzähligen Stichwortkarten steht der generische Begriff »Begrüßung«, und jemand beginnt planlos zu reden – weil der Überbegriff kein Redevorschlag ist. Stichwörter müssen genau die Wörter sein, die man auch so aussprechen kann. Das hat Konsequenzen für Rede- und Antwortkonzepte: Es braucht konkrete Stichwörter. Eine Regel heißt: Generisch strukturieren, aber konkret aufschreiben und sprechen.

2.3.6 Von verbindend zu trennend

Zum Zielsatz-Prinzip gehört schrittweises Entwickeln, möglichst ohne störende Komplexität, eins nach dem anderen. In längeren Reden sind im Idealfall für den Hörer die einzelnen Trichter erkennbar. Eines darf es also nicht geben, nach dem immer gesucht wird:

»Verbindungssätze«. Verbindungen erhöhen Komplexität beim Hörverstehen; Vorheriges oder Folgendes muss mit bedacht werden und stört. Deshalb gilt im Gegenteil: Pausen statt Verbindungen! Das Mittel ist die Pause nach jeder Einheit von wenigen Sätzen. Die Regel heißt: Statt Verbindung im Zweifel mehrere kleinere Einheiten. Wirkung durch Trennung.

2.3.7 Von stumpf zu spitz

Wer eine Axt nimmt, um ein Brett zu zerteilen, erntet wahrscheinlich nur ein Schulterzucken: Methodisch-technische Unterstützung ist selbstverständlich. Wer hingegen seinen Handballen einsetzt, erntet höchste Bewunderung – dennoch macht es keiner nach. Stumpfes ist unüblich für pointierte Wirkung. Viele Experten-Statements etwa beginnen stumpf – und wie zum Ausgleich enden sie oft auch so. Wenn eine Aufzählung gefragt ist, mag das funktionieren, geht es dort schließlich nicht um Wirkung. Wirkung braucht Spitze.

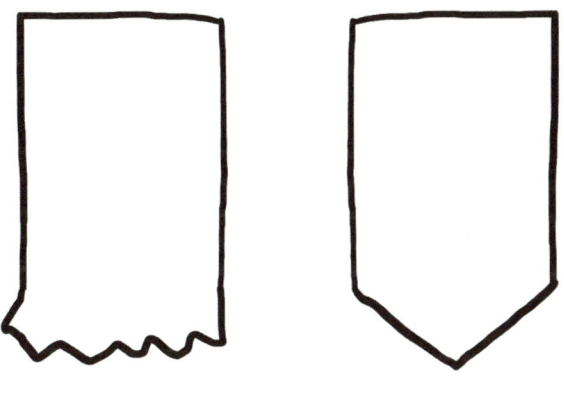

VON STUMPF ZU SPITZ

3

Bauformen der Äußerung

3.1 Archetypische Bauformen

Es scheint universale Muster zu geben, in allen Sprachen gleich, nach denen Äußerungen aufgebaut sind. Aufbauformen sind wie Archetypen, immer gleiche Formen, die in allen Kulturen vorkommen. Bauformen sind Gemeinplätze, uns allen seit Langem bekannt: Wir kennen das Kinderspiel: Würfel, Kreis, Pflock. Hierin steckt schon eine Metapher für Wirkung; ein Würfel ist kastenartig, ein Pflock ist spitz.[33] Schon die Alltagserfahrung sagt uns: Ein rechteckiger Hammer ist gut, eine Spitzhacke ist wirkungsvoller.

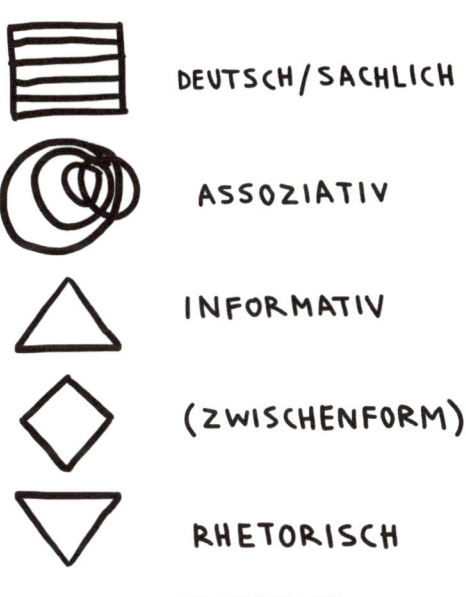

DEUTSCH/SACHLICH

ASSOZIATIV

INFORMATIV

(ZWISCHENFORM)

RHETORISCH

5 BASALE BAUFORMEN

Unser Erzählinstinkt zum Beispiel bringt einige archaische Muster hervor, andere sind methodisch bearbeitet und kulturell tradiert. Dieses Buch zum Beispiel verwendet eines der Grundaufbaumuster, die Pyramide, in einzelnen Kapiteln aber die umgekehrte Pyramide, sie pointieren. Es beginnt mit meinen und unseren Erfahrungen, und lenkt sie dann auf viele kleine Zielsätze, Kapitel für Kapitel.

als stünden sie uns
leibhaftig vor Augen – die Toten
beim Seelenfest

Was ist das? Zunächst ein scheinbar abgelegenes Beispiel: Eine der strengsten Bauformen hat das Haiku. Das folgende ist ein über 300 Jahre altes.[34] Diese japanische Gedichtform besteht aus definierten wenigen Silben. Es gibt hier ein Fünf-Silben-Schema. 19 Silben sind möglich, ebenso 15 Silben.

Knisterndes Feuer.
Ein Schlauch wälzt sich durch Flussschlamm.
Lilienblüten.

3.2 Wirkung meiden: Kästen

Rauch quillt aus dem Wald.
Die Lilien in Blüte.
Ein Schlauch im Flussschlamm.

Haikus verkörpern das Gegenteil des Prinzips Pointierung. Sie sind nicht-abgeschlossene Gedanken und werden erst im Kopf des Hörers oder Lesers vollständig. Jegliche Wirkungsabsicht liegt dem Haiku fern.
Das Haiku kennt zudem keine Logik oder Stringenz. Übrigens haben Haikus auch keine Titel oder Überschriften. Haikus lassen offen, sie sind ästhetisch. Sie sind bewusst nicht rhetorisch pointiert. Diese

Form gibt es aber auch in unseren Gebrauchsreden und -antworten. Es sind Kästen.

Gehen wir dazu ein paar Schritte zurück. Wir haben in der Schule vor allem eine charakteristische Form erlernt, mit der etwas aufzubauen ist, was wir schreiben oder sagen – vor allem schreiben. Wir sind in Kästen erzogen worden. Kein Wunder, denn unsere Erziehung ist schriftlich, mit Abschnitten, oft mit Listen von Aufzählungen. Das ist eine alte Bauform: Schon die meisten der ältesten Schriftüberlieferungen sind als Rechtecke aufgefunden worden. Was wir bis heute vor uns sehen, wenn wir sprechen, ist der schriftliche Absatz oder das Text-Chart.

Der Kasten ist ein Aufbau, der zu Expertenredeweise und Bericht gehört.[35] Der Kasten hat keinen abholenden Anfang – und kein pointiertes Ende.

LANGWEILEN:
DIE BOX

Viele Reden beginnen derart stumpf – und – wie zum Ausgleich – enden sie auch stumpf. Der Kasten ist einer der Metaphern für wirkungslosen Redeaufbau.

3.3 Strukturieren: Concept Maps

Eine weitere Vorbereitungs- und Verständigungsgrundlage kennen wir aus der Welt der Schalt- und Regelkreise. In Concept Maps lassen sich Inhalte nach Funktion und Beziehung anordnen. Concept Maps sind – im Gegensatz zu Mind Maps – nicht assoziativ, sondern strukturiert. Weil diese Ordnungsstrukturen informieren und nicht überzeugen, folgen sie aber ebenso nicht dem Prinzip Pointierung:

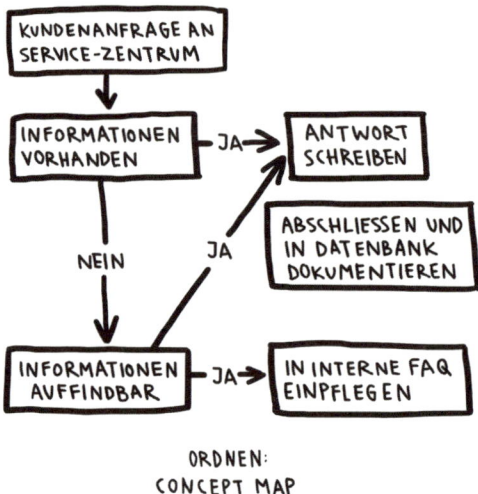

ORDNEN:
CONCEPT MAP

Solche Formen dienen ebenfalls nur der informierenden Ordnung; sie holen weder Hörer ab noch führen sie auf ein Ziel. Sie zielen auf nichts. Nach Concept Maps zu reden ist nicht zu empfehlen, es ist unmöglich.[36]

3.4 Assoziieren: Mind Maps

Ganz anders als die strengen Concept Maps sind Ideencluster, die um einen Punkt herum kreisen. Sie kultivieren eine archaische Fähigkeit: das Assoziieren. Von den Methoden der Ideenfindung und Materialsammlung ist die bekannteste Methode das Mind Mapping (vgl. S. 52 ff.).

Ziel ist eine Menge von Ideen – die iterativ durch systematische Assoziation zustande kommen. So lassen sich aus den Beziehungen der Ideen untereinander neue gewinnen. In die Mitte eines Blattes wird ein Begriff gesetzt, um diesen herum assoziiert wird. Es entstehen Hauptstraßen und Nebenstraßen.

ASSOZIIEREN:
MIND MAP

Reden wie eine Mind Map, so das Klischee, das scheint HR-Verantwortlichen eigen zu sein, darüber hinaus eher Frauen als Männern und zudem eher kreativen Menschen. Nichts davon ist bewiesen, aber wäre es richtig, spräche es für die eher farbige und vernetzende Wirkung weiblicher und assoziativer Methode.[37] Aber ist Assoziation in einzelnen konkreten Äußerungen wirkungsvoll?

Eine um einen Punkt herum assoziierende Methode, das wird eher der linken Gehirnhälfte zugeschrieben, die weniger strukturiert als assoziativ-kreativ vorgeht. Um diese Erkenntnis gab es vor Jahren einen unglaublichen Hype – von dem übrigens fast nichts geblieben ist: Es ist eben methodisch nicht verwertbar und geradezu unerheblich, mit welchem Gehirnareal wir was tun. Leider ist das einigen Menschen- und Organisationsentwicklern spät eingefallen, nachdem Millionen für zweifelhafte Linkshirnseminare ausgegeben waren.

Ein bisschen besser verhält es sich mit Methoden, die Denken revolutionierten. Ein Beispiel ist das laterale Denken.[38]

»Die Frage ›Wie viele Spiele müssen stattfinden, um bei einem nach K.-o.-System ausgetragenen Turnier mit 111 Teilnehmern den Sieger zu ermitteln?‹ wird von den meisten Menschen durch vertikales Denken gelöst: 1. Runde 55 Spiele (1 Freilos), 2. Runde 28 Spiele, 3. Runde 14 Spiele, 4. Runde 7 Spiele, 5. Runde 3 Spiele (1 Freilos), 6. Runde 2 Spiele, 7. Runde 1 Spiel. Diese Zahlen werden schrittweise ermittelt und dann addiert (110). Das laterale Denken bedient sich eines Perspektivwechsels, um das Ergebnis ohne Rechenaufwand zu ermitteln: Wenn es einen Sieger gibt, muss es 110 Verlierer geben. Jeder von ihnen verliert nur einmal, also werden entsprechend viele Matches gespielt.«[39]

Quer denken ist gut, quer reden keineswegs. Deshalb abermals Vorsicht: Methoden der Redevorbereitung sind nicht notwendig zugleich geeignete Bauformen des Aussprechens; Methoden der Problembehandlung sind nicht solche des Redens! Die Mind Map taugt noch nicht zur endgültigen Redeplanung; sie ist assoziativ und nicht linear. Gerade das ist gewollt; Mind Maps sollen geradezu »vom Hundertsten ins Tausendste« kommen, aber genau das darf überzeugende Rede nicht. Die Mind Map bleibt deshalb besser Vorbereitungsmethode und -struktur. Niemand sollte versuchen, nach Mind Maps wirkungsvoll zu formulieren.

3.5 Informieren und Vertiefen: die Pyramide

Das kleinste Beispiel für eine Pyramide klingt so:
»Der ICE 247 nach Amsterdam fährt etwa zehn Minuten später ab. Grund dafür ist eine verspätete Bereitstellung des Zuges.«

Man gibt dem Kunden die Information, und liefert die Begründung hinterher, ohne den Versuch der Überzeugung, ohne Anschluss. Das kommt täglich vor, so sind wir erzogen worden. Wir sagen etwas und erklären und vertiefen sodann.

Dieser Aufbau ist auch hoch professionalisiert zu haben. Weil Kästen Komplexität und Ordnung nicht abbilden können, begannen Strategie-Berater damit, Inhalte spitz anzuordnen, von oben nach unten. Das Buch *The Pyramid Principle*[40] hat etwas zum Prinzip erhoben, zur methodischen Vollendung geführt, und schließlich zu der zentralen Methode der Organisation von Sachverhalten schlechthin erklärt.

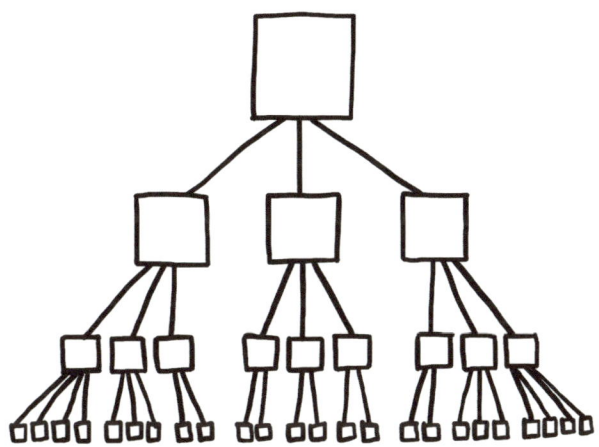

DAS PYRAMIDENPRINZIP VON BARBARA MINTO

Die Pyramide war unmittelbar einleuchtend und hat sich raketenartig in den Business-Alltag hinein entwickelt. Barbara Mintos Buch war von nun an das leitende Template für die Erstellung aller Sachpräsentationen und Slides. Die Pyramide erwies sich als ideal für Rapporte und Briefe, Darstellungen aller Sachverhalte dieser Welt, vor allem aller Informationspräsentationen. Die Executive Summary der Berater hat hier ihren Ursprung, die erste Chart-Tafel, in der komprimiert der Kern mitgeteilt wird.

Die Berichtskultur organisiert Informationen, das muss sie auch. Es wird das Wesentliche mitgeteilt, und sodann werden die Aspekte erläutert. Argumente werden erst im Kern der Äußerung genannt, dann, wenn schon eventuelle Widerstände entstanden sind. Zu Anfang gibt es bereits Handlungsanweisungen und noch unbegründete Meinungen. Aufgebaut sind solche Äußerungen nach ihrem Zweck informieren. Vom Kern zu den Details, das ist die Pyramide:

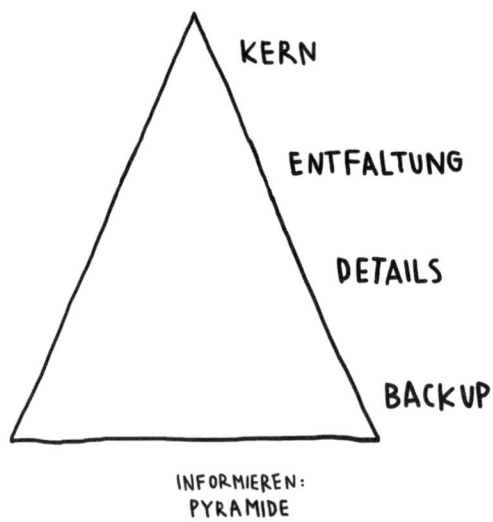

Dieses Aufbauprinzip ist keineswegs neu, das gab es lange bevor die ehemalige Ausbildungschefin von McKinsey&Company ihr »Pyramid Principle« in die Welt brachte. Immer schon wurden Studien in dieser Form verfasst, genauso wie Doktor- und Magisterarbeiten, Flugblätter, alle Presse- und andere Berichte. Der Lexikonartikel ist der Prototyp der Pyramide:

»Frankfurt a. M. ist mit gut 730 000 Einwohnern die größte Stadt Hessens und die fünftgrößte Stadt Deutschlands. Die kreisfreie Stadt ist Zentrum des Ballungsraums Frankfurt a. M. mit etwa 2,3 Mio. Einwohnern. In der gesamten Metropolregion Rhein-Main leben etwa 5,5 Mio. Menschen.
Seit dem Mittelalter gehört Frankfurt a. M. zu den bedeutenden städtischen Zentren Deutschlands ...
Heute ist Frankfurt a. M. ein wichtiger internationaler Finanzplatz und bedeutendes Industrie-, Dienstleistungs- und Messezentrum.«

... und immer so weiter ...

Nach dem Zielsatz-Prinzip wäre der Aufbau umgekehrt: von Information zu Überzeugung – zu Beginn angeschlossen, dann mit Argumenten und Beispielen fortgeführt, schließlich auf einen Zielsatz geführt. Der Kernsatz aus dem Beginn der Definition ist der Zielsatz. Und natürlich ist der Sprachstil weniger komprimiert und sachlich als in der Definition. Für ein Lexikon natürlich ungeeignet, aber zur Veranschaulichung hier, wie man es anordnen müsste, wollte man jemanden überzeugen von Frankfurt am Main:

»Wer Städte sucht, in denen es beschaulich zugeht, wird sicher nicht Frankfurt wählen, wer Tempo sucht, schon. Ein Ballungsraum mit 2,3 Mio. Menschen, in der Stadt selbst etwa 700 000. Tempo ist hier angesagt, und Höhe statt Breite, jeder kennt Bilder der Skyline. Frankfurt gehört seit dem Mittelalter zu den einflussreichsten Städten. Wer dort leben möchte, wo – neben Berlin – am meisten entschieden wird, wo Deutschland am internationalsten ist, sollte Frankfurt wählen.«

Nicht nur alle News im weiteren Sinne verfolgen das Prinzip der Pyramide, auch wissenschaftliche Arbeiten, das Informieren über Studienergebnisse von Beratern, die Urteilsverkündung bei Gericht, die keines Anschlusses bedarf und niemanden mehr überzeugen muss, weil der Prozess abgeschlossen ist.

Das Pyramidenprinzip ist noch älter als moderne Berichte. In neuerer Zeit kam es in der militärischen Nachrichtenübermittlung auf. Dahinter steht das Prinzip »climax first«,[41] das zuerst im Amerikanischen Bürgerkrieg umgesetzt wurde. Der Aufbau mit dem Kern zuerst kommt aus einer Zeit, in der die Telegrafie höchst fragil war. Das Wichtigste musste sofort gesagt sein, bevor die Leitung zusammenbrach oder abgehört werden konnte. Mit der weiteren Verwendung der Telegrafie kamen Zeitnot und Kosten hinzu. Ab Mitte des 19. Jahrhunderts gab es in den USA diese Bauform mit System; während des Amerikanischen Bürgerkrieges mussten Telegrafenberichte mit den wichtigsten Informationen beginnen. Wenn die Verbindung endete, sollte schon der Kern der Sache übermittelt sein.

3.5.1 Die antikommunikativste Pyramide: der Befehl

Etwas, das durch die Pyramidenform gestützt wird, ist das antikommunikative Wesen mancher Äußerungen, etwa das des Befehls, der braucht keine Akzeptanz. Die Pyramide eignet sich hervorragend für Situationen, in denen es nicht um Überzeugung geht. Und manchmal geht es nicht einmal darum, jemanden zu überreden: Wer das Sagen hat, ist Freund der Pyramide. Der militärische Befehl wird vom Kern der Sache her aufgezogen, die keine Diskussion verträgt. »Angriff 5 Uhr.« Den Befehl sofort und um jeden Preis umzusetzen ist das Ziel. Der Befehl beeinflusst weder Meinung noch baut er auf Überzeugung. Hier ist Zustimmung, die alte Zentralkategorie der Rhetorik, nicht gefragt.

3.5.2 Die Nachrichtenpyramide der Journalistik

Es dauerte noch bis zum Anfang des 20. Jahrhunderts, bis sich das Prinzip der Pyramide weltweit durchsetzte. Die Publizistik hat dieses Prinzip für *hard news* übernommen, und bald wurde es das Paradigma für Informationsjournalismus schlechthin. In der Journalistik wird es hochgehalten, weil es die Wirkung auf den Hörer oder Leser aus der Sache heraushält. Die rhetorische Wirkungsabsicht ist verschüttet als Ergebnis einer »Ideologie der Sachlichkeit und Nichtpersönlichkeit«.[42] Die Wirkung auf den Hörer als Aspekt wurde auf dem Altar vermeintlicher Objektivität geopfert, der Verkündigungston der »Tagesschau« zeigt es noch heute – ein Anachronismus in einem weltweiten Trend von schriftlicher Information zu mündlicher Edukation, wo Plattformen wie TED und Gedankentanken.de mehr Reichweiten entwickeln als print und ARD und ZDF zusammen.[43]

Journalistisches Informieren beginnt mit dem Kern der Sache:

Hauptinformation pauschal	Gegenwart en bloc
Einzelheiten	Gegenwart en détail
Hintergründe	Vergangenheit
Folgen der News	Zukunft en détail
Weitere Entwicklung pauschal	Zukunft en bloc

Journalistische Pyramiden sind in Zeitungsmeldungen sinnvoll, und in Web-Nachrichten. Das ist in *hard news* vollkommen richtig; die müssen und sollten nicht abgeholt, hergeleitet und wirksam dargeboten werden, auch im Netz. Das Primat: die Neuigkeit zuerst!

Hard news, das muss nicht wertend sein: Nicht nur schlechte Nachrichten sind *hard news*; durchaus auch gute Neuigkeiten können in Pyramiden angeordnet sein. Was alle gemeinsam haben, hat seinen Grund in der täglichen Praxis – die über Jahrhunderte gerade in Deutschland eher Schreibpraxis als Redepraxis war. Die Darbringung sowohl guter als auch schlechter Nachrichten basiert auf Textarbeit. Hinzu kommt: Das Wichtigste lässt sich von hinten her streichen.

Allenfalls wenn die Hauptpersonen der Handlung bekannt sind und der Sachverhalt wenig kompliziert ist, geht das Konzept »climax first« so richtig auf. In allen anderen Fällen läuft die Pyramide auch in der journalistischen Nachricht nicht nur dem Kommunizieren, sondern auch dem Verstehen zuwider. Das Wesen der Neuigkeit ist gerade, dass ihr Gegenstand oft nicht bekannt ist.[44] Zumindest wenn es um Hörverstehen geht, das kein Zurückhören kennt, gilt: Die Neuigkeit zuerst, dieses Prinzip wird zum Dogma, Verstehen wird gefährdet.

Als weiteres publizistisches Kardinalargument für das Leadsatz-Prinzip gilt die Bedeutung der Neuigkeit. Aber für wen bedeutend? Für die Bundesregierung? Für den Absender? Für die Agenturen, die die Meldung verbreiten? Für die Lage der Nation? Wichtigkeit der Sache allein ist keine rhetorische Kategorie, weil sie zu wenig vom Hörer her denkt. Das Problematische an journalistischen Pyramiden ist, dass sie nicht am Publikum orientiert sind. Sie sind nur inhaltlich begründet; der Anschluss fehlt.

DIE PYRAMIDE DER NACHRICHTENJOURNALISTEN

Einer der Urväter der Journalistik war Harold Dwight Lasswell. Seine Frageformeln sind berühmt. Das populärste der zahllosen Lasswell-Schemata ist: »Who says what, in which channel, to whom, with what effect?«[45] Er hatte dagegen noch den Hörer im Blick; seine Frageformeln sind explizit rhetorisch. Das Letztere, die Wirkung *(effect)* kommt in der Journalistiklehre nur noch am Ende vor, als Backup.

Die heutigen publizistischen »W« sind schon deswegen nicht ausreichend, weil sie noch nicht auf bestimmte Sprechsituationen zielen. Wenn Handeln und Überzeugungen auf der anderen Seite berührt und verändert werden sollen, muss das Spektrum der Fragen weiter reichen: Welches Handeln will ich erreichen, nicht: Was soll ich erreichen? Das Ziel ist dann der Hörer. Den Hörer kennen heißt:

- Vorerfahrungen bedenken,
- Sachwissen einschätzen,
- Emotionen voraussehen können.

Diese kommunikativen Basics kommen in der Pyramide gerade nicht vor. Der erwähnte Befehl ist nur die Spitze eines Eisberges. Informieren und kommunizieren sind grundverschieden: <u>Die Pyramide kann antikommunikativ sein.</u>

3.5.3 Elevator Pitch

Jemand steht in einem Fahrstuhl. Die Tür öffnet sich. Irgend jemand, der das Recht dazu hat, fragt: Wie steht es mit diesem oder jenem Projekt? Wir sagen instinktiv, und erst recht wenn eine Fahrstuhltür aufgeht, das Wichtigste zuerst: Es läuft gut! Oder es läuft gerade nicht so gut! Danach die Details.

Diese kleinen Fahrstuhlreden, wenn der Chef hereinkommt, sind zu Recht Pyramiden: Nach dem ersten Kernsatz Einzelaspekte, die im Verlauf an Relevanz verlieren; der Fahrstuhl kann sich ja jeden Moment wieder schließen. Perfekt, wenn die Nachricht dringlich ist oder Ungeduld herrscht, und wenn Zustimmung nicht nötig ist.

Informierend: ja – überzeugend: bedingt. Die Metapher Fahrstuhlpyramide passt zur Rolle: Der enternde Chef hat das Sagen, nicht die oder der mit der Pyramide. In den Beratungen, in den Strukturierung A und O ist, üben die Anfänger bis zum Projektleiter die Fahrstuhlpyramide, also die, die informieren und die (Führungs-)Wirkung eher noch nicht brauchen. Der Elevator Pitch ist mündliche Prüfung. Wer im Pitch ist, ist per se unterlegen. Für die Partner, die an die Klienten verkaufen, ist die Pyramide ungeeignet.

Eine Art Elevator Pitches sind auch die Kurznachrichten, die wir hundertfach jeden Tag schreiben: Schnelles Verstehen und sofortige Aufmerksamkeit sind ihre Ziele. Eventuelle Begründungen kommen später oder gar nicht. Vor allem das Schreiben pflegt eher die Pyramide, aber auch Sprechen, das auf Tempo ausgelegt ist. Fortschreitende Komprimierung – erst E-Mail-Provider, dann Messaging Services – haben über die Jahre Pyramiden weiter auf den Vormarsch gebracht. Außer bei wirkungsvollen Twitter-Texten. Hier ist es oft schon deshalb anders, weil Pointierung existenziell ist. Um nochmals an Trump zu erinnern: Sind Tweets auf Wirkung hin angelegt, sind sie Überzeugungsreden und bauen deshalb umgekehrt auf.

3.5.4 Fallstricke der Pyramide

3.5.4.1 Umfassend

Legendär ist der Imperativ aus dem Buch von Barbara Minto, alles wie in einem Haus anzuordnen – mit dem Dach als Spitze: »Mutually exclusive and collectively exhaustive«. Dieses MECE-Prinzip wurde zum Imperativ, der stringenten Strategieberaterpräsentationen zugrunde liegt. Jede »Etage« der Pyramide hat unter sich unbegrenzte paradigmatische Erweiterungen. Das vorher Genannte wird so um unendlich viele konkrete Dinge erweitert. Die drei Mintoregeln:
- Alle Ideen auf jeder Ebene müssen immer die Zusammenfassung der unter ihnen eingeordneten Ideen darstellen.
- Alle Ideen in jeder Gruppierung müssen immer dieselbe Art von Idee darstellen.
- Alle Ideen in jeder Gruppierung müssen logisch geordnet sein.

Stellen wir uns das Bild von den Fenstern eines Hauses vor, die jedes für sich die gesamte Aussage enthalten. Jedes Teil – Fenster/Tür – beschreibt somit schon das ganze Haus. »Mutually exclusive« meint, was in dem einen steckt, darf nicht in einer anderen Aussage derselben Ebene vorkommen; es darf keine Überlappung geben. »Collectively exhaustive« sagt, dass, was in den Teilen einer Ebene vorkommt, sich in der übergreifenden Ebene ebenso wiederfinden muss. So geht nichts verloren.[46]

Die Pyramide ist die ideale Bauform für die Detailtiefe des Experten. Ihr Kitt sind Logik und Vollständigkeit: Jedes Teil ist für sich abgeschlossen – und enthält zugleich aber schon das Ganze. Ein Prinzip der Pyramide: Alles, was in einem Abschnitt eines Berichts vorkommt, soll zu Beginn schon enthalten sein. Info-Papiere sollten dementsprechend aufgebaut sein, auch Zusammenfassungen schon zu Beginn von Beraterpräsentationen – die Exec Sum, die Management Summary. Ein gutes Prinzip kann man schwer verbessern. Roland-Berger-Berater fügten zu diesem klaren Profil etwas hinzu und nannten es das GÜTE-Siegel.

- Gleichartig
- Überschneidungsfrei
- Treffend
- Erschöpfend

Das Problem des Prinzips Vollständigkeit: Ein Statement kann nicht annähernd erschöpfend sein. Es gibt Rednern eine unlösbare Aufgabe und ist deshalb für mündliche Äußerungen nicht praktikabel.

3.5.4.2 Gedrängt

Eine wunderbare Eigenschaft des Intellekts: In der Pyramide herrscht extreme Komprimierung. Hinter MECE steht das ehrbare Anliegen, vermeintlich viel in kurzer Zeit zu vermitteln. Hinter dem Pyramidenprinzip steht die Idee der Effizienz, die nach Komprimierung verlangt. Aber Effizienz ist keine Kategorie des Verstehens, des Hörverstehens ganz sicher nicht. Informativ ist das – doch kommunikativ ist das nicht.

Komprimierung geht gerade nicht gut in Face-to-Face-Situationen. Und sie geht nicht in Situationen, in denen es auf Wirkung ankommt. Komprimierung hindert uns an der schrittweisen Entfaltung der Inhalte. Die Komprimierung muss aufgelöst werden, weil sie Verständlichkeit behindert. Wer rhetorische Wirkung erzielt, geht anders vor. Wer jemals einen Steve-Jobs-Auftritt gesehen hat, muss nicht überzeugt werden. Seine Methode war das Gegenteil von Komprimierung: Entzerrung und Entfaltung.

3.5.4.3 **Menschenleer**

Kommunikation ist mehr als Information. Wer auf die Wirkung auf
Menschen aus ist, muss Menschen mit hineinnehmen. Kommunikation, kommun, zusammen. Kommunikation heißt, etwas zur gemeinsamen Sache zu machen.[47] Die Pyramide stellt Sachverhalte dar
und lässt keinen Platz für Beziehungen. Menschen kommen nicht vor.

3.5.4.4 **Vorwegnehmend**

Ich habe drei Jahre lang Passagierpiloten trainiert, für ihre Bordansa-
gen. Aus dieser Zeit habe ich Analysen von Beispielen, in denen das
mächtig schiefgehen kann. Jeder, der fliegt, kennt sie auswendig. Das
erste Beispiel ist eine Ansage als Pyramide und setzt die Nachricht
roh an den Anfang.

»Hier spricht Ihr Kapitän für eine außerordentliche Mitteilung.
Wir haben ›ein Triebwerk verloren‹ *(cockpit slang)*.
Also, wir mussten es abschalten.
Ich bin aus rechtlichen Gründen angehalten, Sie zu informieren.
Die europäische Luftfahrtbehörde schreibt diese Prozedur strikt
vor.
Das hatte mehrere Gründe, für deren Erklärung ich Sie um
volle Aufmerksamkeit bitte. Zum einen eine Druckerhöhung,
die gefährlich sein kann. Zum anderen … [weitere Details:
›Backup‹].«

Wirkung: Entsetzen, Zuhören wird schwerer. Zudem ist »Wir haben
ein Triebwerk verloren« riskant. Ein solcher Satz zählt zu den be-
ängstigendsten, die man sich denken kann, schlimmer kann es nicht
kommen. Zumutbar ist der Satz nicht, ganz sicher nicht als erster
einer Ansage. Der Pilot, der ihn aussprach, sprach zu Passagieren wie
zu seinem Kopiloten, er verkündete eine Neuigkeit, die aber außer
den beiden im Cockpit niemanden etwas anging. Weil er im Expertenmodus war – einfach sagen, wie es ist.
Ein Irrtum; denn die Aufgabe von Pilotenansagen ist eminent rhetorisch, psychologisch statt logisch: Beruhigung. Der spitze Aufbau gehört nur ins Cockpit, nicht in die Kabine. Für die Piloten ist der

Umstand zu verkraften, sie wissen, dass sie weitere Triebwerke haben – für Passagiere sieht das deutlich anders aus. Ist der Horror erst einmal ausgesprochen, gibt es wenige Chancen für die Relativierung. Es fehlt der Zugang zu denen, die sich hinten befinden. Die pyramidale Methode ist auch hier sachlich richtig, ethisch korrekt – und kommunikativ gefährlich. Informationen ohne Herleitung haben eine schwierige Eigenschaft. Sie fallen mit der Tür ins Haus.

3.5.4.5 Wirkungslos

In Situationen des Überzeugens wirkt die Pyramide schon deshalb nicht, weil immer tiefer gehende Information nicht zur Rolle gehört. Manager etwa müssen Mitarbeiter und Führungskräfte motivieren, den Kapitalmarkt von Strategien und Marktchancen überzeugen etc. Niemand wird hier bloß informieren – obwohl genau das beständig behauptet wird.

Stumpf sind Pyramiden, indem sie tendenziell unendlich breiter werden. Erst recht Kästen, beide enden gleichermaßen stumpf. Der Kasten hat weder oben noch unten einen Punkt, auf den man kommen könnte. Und die Pyramide beginnt mit dem Kern der Sache und geht dann immer weiter ins Detail. Die Pyramide kommt nicht »auf den Punkt« – weil sie mit ihm beginnt.

Die »Executive Summary« vieler PowerPoint-Folien trägt zwar »Executive« im Begriff, gehört aber eher in den Erklärmodus des Experten. Sie heißt so, weil Executives wenig Zeit haben. Hinten wird es breit. Leider müssen Entscheider auch entscheiden, und dafür braucht es statt Verbreiterung eher Pointierung.

3.6 Einschließen: die Raute

Ein Spezialfall ist ein Zwitter. Diese Bauform beginnt wie eine Pyramide, hat aber den Nachteil des Ausfransens nicht; sie pointiert am Ende. Solche Statement-Strukturen beginnen spitz, werden dann breit und enden schließlich spitz. Sie sind dann eine Raute, oben und unten spitz:

- Meinung nennen
- Begründung darlegen
- Veranschaulichung bieten
- Schlussfolgerung formulieren

Von einer nicht diskutierten Lage auf die Schlussfolgerung:

a) Sachlage
b) Ursachen
c) Schlussfolgerung

Zahlreiche Beispiele für rhetorische Rauten findet man in allen guten Antworten zu Geschäftsergebnissen, die mit einer Neuigkeit beginnen müssen, dann auffächern und schließlich zu einem Zielsatz zusammenführen, wie etwa eine Antwort auf einer Session mit Finanzanalysten:

1. Es war ein schwieriges Quartal.
2. Dafür gab es drei Gründe:
   A – B – C
3. Insgesamt glauben wir, dass es ein Rekordjahr werden kann.

Die Media Guideline eines großen Unternehmens sagt: »Get the message first, and the explanation afterwards. Then make a short summary at the end.« Auch das ist eine Raute.

3.7 Erneut öffnen: die Sanduhr

Manche Strukturen lassen nach der Pointierung weiterreden. Am Anfang breit beginnen, was wirkungsvoll ist – aber am Ende auch?
- Gemeinsamkeit
- Problemanalyse
- Bewertung der Gründe

Oder:
- Ausgangssituation schildern
- Ziel darlegen
- Weg zum Ziel beschreiben

Jeder, der zum Beispiel mit seinem Team einen Pitch hat, eine Verkaufspräsentation für ein Beratungsprojekt, kennt das auch als Zuhörer: Es wird noch einmal nachgelegt, nachdem der Punkt gemacht ist. Ein Kollege ergänzt, ein Dritter will von seiner Seite aus etwas beitragen. Nichts geht mehr zusammen. Die ersten Worte des Teamleiters:
»Lassen Sie mich kurz erläutern, in welchen Bereichen wir gearbeitet haben, obwohl natürlich ganz klar alle Aspekte, die im Auftrag auch genannt wurden, bearbeitet wurden. Ich kann jetzt nicht alles umfassend darstellen; ich bin – äh – bis vorgestern noch in London gewesen, der Peter Kowalski da drüben wird dann noch versuchen, das Ganze vollständig darzustellen.

Es sind im Wesentlichen drei Punkte, es könnten natürlich –
äh – auch andere sein, die wir hier zeigen. Oder was meinen
Sie? Wär das recht? Ich muss dazu sagen, dass wir uns ja
eigentlich Dienstag treffen wollten; die Slides haben die Kollegen gestern noch äh …« (wird unterbrochen).

Für die, die das kaufen sollen, klingt das wie der süße Brei; das droht
nie zu enden. Warum? Nachdem der Punkt gemacht ist (»Es sind im
Wesentlichen drei Punkte,«), wird der Aufbau abermals stumpf. Fast
ein missratener Trichter, der deshalb keiner ist, weil er am Ende wieder aufgeht.

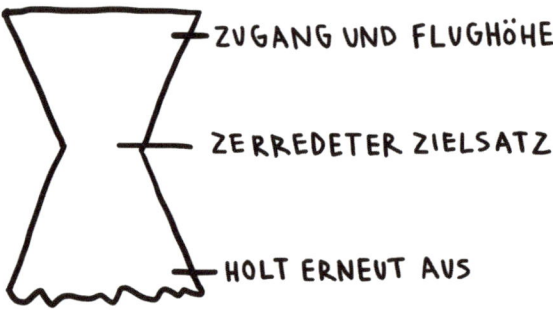

ZUGANG UND FLUGHÖHE

ZERREDETER ZIELSATZ

HOLT ERNEUT AUS

DIE SANDUHR

Das Prinzip der Sanduhr ist zwar Verengung – aber mit anschließen-
der Weitung. Die Weitung nach der Engstelle kann erwünscht sein –
in der Eieruhr ist sie wesentlich. In Rede und Antwort ist aber die
Öffnung nach dem Zielsatz fatal. Äußerungen in der Sanduhrform
sind häufig wirkungslos.

3.8 Pointieren: der Trichter

Es kommt selten vor, dass jemand nur »informieren« will. Die meisten verfolgen mit ihren Äußerungen Ziele, Handlungen anzuregen oder zu verändern. Ein anderer Aufbau tut besonders not in Fällen innerer Widerstände, begründeter wie ideologischer Ressentiments, Ängste und Bedenken. Kurz gesagt: überzeugen. Von gemeinsam Bekanntem ausgehend werden Argumente zu Aktionen.

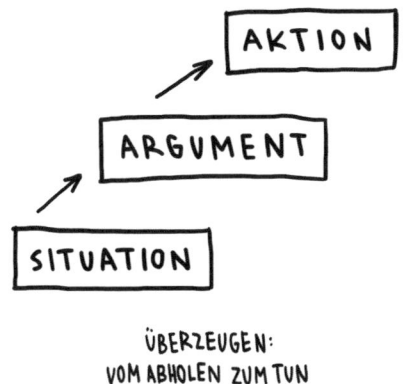

ÜBERZEUGEN:
VOM ABHOLEN ZUM TUN

Nehmen wir das Beispiel die Beruhigung von Passagieren als Aufgabe, das Beispiel des Flugzeugkapitäns auf S. 78 f.. Er überbrachte pyramidal die Nachricht und sagte in sein Mikrofon, »wie es ist«. Gerade die schlechte Nachricht will aber eingeleitet sein. Auch hier ist derjenige professioneller, der Zugang schafft:
»Meine Damen und Herren, Sie haben es gemerkt, es ist links etwas ruhiger geworden. Wir haben hier ganz strenge Bestimmungen. Wenn es kleinste Veränderungen gibt, müssen wir etwas langsamer fliegen. Wir fliegen jetzt etwas langsamer. Es könnte sein, dass sich unsere Ankunft dadurch etwas nach hinten verschiebt. Wir haben das linke Triebwerk gedrosselt. Dieses Flugzeug hat mehrere Triebwerke. Sollte unser Flug etwas länger dauern, melde ich mich noch einmal.«

Oder etwas weniger schriftdeutsch:

»Noch mal Ihr Kapitän.

Die rechts sitzen, haben's vielleicht gemerkt.

Es ist allmählich leiser geworden.

Sicherheit geht über alles.

Wir haben auf der Seite etwas gedrosselt.

Ein schöner Flug kann ruhig ein paar Minuten länger dauern.

Ich vermute aber eher nicht, dass es länger wird.

Unser Kabinenpersonal wird gleich noch mal kommen.

Also, genießen Sie den Flug. Bis nachher wieder!«

3.8.1 Von Darstellung zu Wirkung

Besonders Kommunikationskrisen scheinen nach der Umkehrung der Pyramide zu verlangen. Ein Einzelhandelsunternehmen wird erpresst. Der Erpresser droht, Gläser in den Regalen der Supermärkte zu vergiften, und er hat ein von ihm vergiftetes Glas in einem Supermarkt platziert. Frage: »Hat das Unternehmen keine Sicherheitsvorkehrungen getroffen, damit solche Fälle erst gar nicht passieren?« Der implizite Zielsatz der Antwort lautete damals: »Wir sind ein Opfer des Erpressers; und wir tun alles, damit dies nicht wieder vorkommt.« Genau dies hat das Statement nicht am Anfang zu sagen. Was ein Unternehmen in solch einem Fall rhetorisch geschickt tut, ist, von den Ängsten der anderen zum eigenen Punkt.

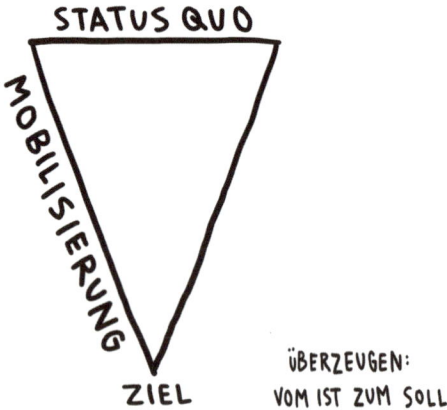

Wer Lebensmittel herstellt verkauft
  muss Sicherheitsvorkehrungen treffen   1 (Anschluss I)
    wissen alle: (Anschluss II)
      immer wieder Kriminelle   2 (ab hier Entfaltungen)
        unsere Aufgabe: dort nachkommen
          immer bessere Methoden
            tun wir,
              werden daraus lernen
                schnellstmöglich alles tun,
                  damit nicht wieder vorkommt.   3 (Zielsatz)

Dieser Aufbau folgt dem Prinzip Pointierung, mit dem dieses Buch begonnen hat. Das dreht die Pyramide des Informierens um: in eine Form, die überzeugen möglich macht. Man braucht dazu drei Dinge. *Access*, *altitude*, *punchline*: Zugang zu Menschen ausdrücken, Bedeutung nennen oder anheben und das Ziel aussprechen.

ÜBERZEUGEN:
TRICHTER

Die breite Öffnung zu Anfang ist ein Symbol: Zu Anfang ist der Trichter offen, angeschlossen an Bestehendes – und an Menschen – und am Ende pointiert. Diese Anordnung ist nicht neu, sie ist noch älter als die Pyramide. Aber sie ist verkümmert, in dem Maße, in dem *business writing* und *business rhetoric* sich am Informationsmodell der Beraterstudie orientieren. Wirtschaftskommunikation ist pyramidensüchtig.

Der Wirtschaftsjournalismus auch, aber nicht mehr so ganz: Wer so schreibt oder redet, wie Steingarts Morning Briefing geschrieben ist, holt ab und kommt auf den Punkt.

»Fröhliche Gesichter gibt es bei SAP. *Der wertvollste DAX-Konzern wird heute seine Quartalszahlen bekannt geben. Die Anleger dürften mit der Arbeit von* CEO Bill McDermott *zufrieden sein, denn die Analysten erwarten im zweiten Quartal eine deutliche Umsatzsteigerung gegenüber dem Vorquartal von circa elf Prozent auf rund 6,7 Milliarden Euro. Auch eine Vergrößerung des Gewinns wird prognostiziert. SAP ist eine Perle der deutschen Unternehmenslandschaft. McDermott hat diese Perle nicht erfunden und nicht entdeckt, aber er hat sie poliert.«*

Das ist längst nicht mehr die Pyramide. Der erste Schritt heißt oft Nennung und erste Bewertung des Problems, danach Nachgeordnetes, dann Anknüpfungen und weitere Ableitungen, sodann Einengung. Am besten so, dass keine andere Lösung denkbar ist. Neben der Raute kommt nur dieser Aufbau auf den Punkt.

3.8.2 Der Nürnberger Trichter

Die Historie des Zielsatz-Prinzips ist länger als die der Pyramide. Die erste Erwähnung der Neuzeit ist eine aus dem 17. Jahrhundert. Der Nürnberger Trichter ist ein didaktisches Prinzip, dessen Erfinder, der Dichter Georg Philipp Harsdörffer, das Buch schrieb: *Poetischer Trichter. Die Teutsche Dicht- und Reimkunst, ohne Behuf der lateinischen Sprache, in VI Stunden einzugießen.*

Das Werk hatte eine enorme Verbreitung, die sich jeder Autor heute wünscht, offenbar deshalb wurde der »Nürnberger Trichter« eine gängige Redewendung. »Fehlts Dir an Weisheit in manchen Dingen, lass Dir von Nürnberg den Trichter bringen« lautete eine Werbung von vor hundert Jahren.

Das Klischee ist falsch. Denn der Autor entwickelte im Jahr 1647 schlicht das Gegenteil dessen, was die Wendung heute sagen will; es ist eben keine Druckbetankung für Unbedarfte, mechanisches »Eintrichtern« gibt es in diesem Konzept gerade nicht. Dieses Buch wie auch die Trichtermetapher sind im Gegenteil ein einziges Plädoyer für Lehr- und Lernbarkeit. Der Trichter war eine Metapher für den sorgsamen Umgang mit Ressourcen: Wein wird durch Trichter so in Flaschen und Fässer gefüllt, »dass alle Tropfen davon zu Nutzen kommen«. In Sprache und Rhetorik übersetzt: Verstehen und akzeptieren ohne systematische Anweisungen, genau das wäre Einfüllen von Wein ohne Trichter. Der Trichter steht für Wirkung jeder Handlung – und für die Effizienz seiner Vorbereitung.

Der Nürnberger Trichter leiht einer globalen Leadership-Konferenz seinen Namen. Die jährliche Funnel Conference hat als Thema die Methodologie des Coachings. Es geht hier um Effizienz. Die Funnel Conference stellt die Frage: Wie kann man effizient lernen auf hohem Niveau?

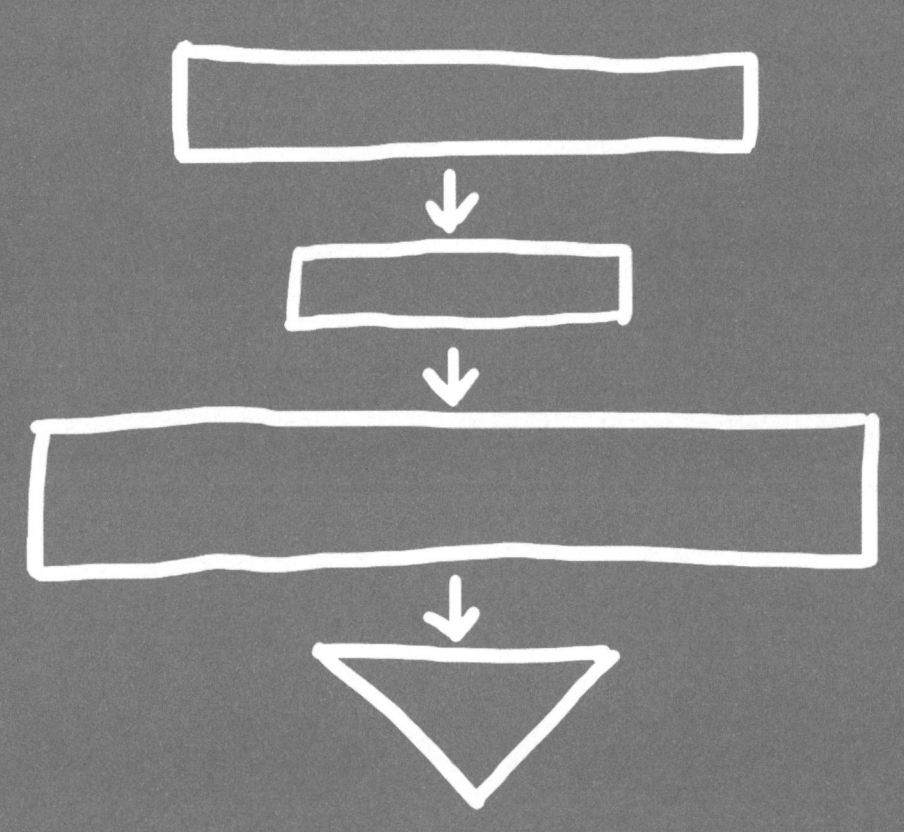

4

Bausteine des Trichters

4.1 Abholung durch Zugang (Access)

Das Problem aller kastenartigen Statements und Pyramiden: Es gibt keinen Zugang zu den Angesprochenen. Aber ohne Zugang keine Wirkung. Wer jemanden erreichen will, muss die Äußerung breiter beginnen, nicht mit dem Inhalt und nicht mit sich selbst, sondern mit dem anderen.

Kommunikation heißt: etwas zur gemeinsamen Sache machen.[48] Diese Gemeinsamkeit ist nirgendwo so wichtig wie zu Beginn der Äußerung. Keine »Information« kann das leisten: In der »Sache« kommt selten der Hörer vor. Im Gegenteil, die Spitze der Pyramide brüskiert nicht selten mit Gegenmeinung, und wieder müssen wir sie aus diesem Grund herumdrehen. Der Anfang des Trichters muss möglichst viele mitnehmen. Deshalb ist er weit.

Die anderen ansprechen, gemeinsam Bekanntes nennen, möglichst in neuem, originellem Licht; erst dadurch wird alles Folgende zustimmungsfähig.[49] Breite Anfänge helfen auch beim weiteren Formulieren. Wo der Anschluss passt, gelingt das Hineinkommen. Zustimmung vor Mitteilung, das ist wirklich nicht neu. Wirksame Äußerungen zielen immer schon auf Zugang; in der Formulierung des Aristoteles:[50]

»Es basiert nämlich die Rede auf dreierlei: dem Redner, dem Gegenstand, über den er redet, sowie jemandem, zu dem er redet, und seine Absicht zielt auf diesen – ich meine den Zuhörer.«

Ich habe in einer langen Zeit ein System aus Zugangsmöglichkeiten erprobt. Keine wirkt ohne die passende Einstellung. Denn alles beginnt im Kopf mit der Frage: In welchem Film spiele ich?[51] Will ich informieren oder überzeugen? Mit einer Nachricht, die keine Zustimmung braucht – oder mit einer Botschaft, die Zustimmung sucht. Im ersten Fall geht es ohne Zugang, im zweiten Fall eher nicht.

Zugang lässt sich schaffen mit einfachen Formeln; man kann sie Floskeln nennen. Diese Formeln setzen um, dass man am sichersten mit dem jeweils anderen beginnt, das macht den Trichter auf. Es gibt drei Arten, einen Trichter zu beginnen: indem man an den anderen anschließt, an alle – oder an Höheres.

Kategorisch	–	Gott-affin
Gemeinplatz	–	Volks-affin
Verbalisieren	–	Partner-affin

Es scheint Phänomene zu geben, die in allen Sprachen gleich sind, sogenannte Universalien. So sind etwa Arten der Ansprache an Menschen: Es gibt eigentlich vier. Drei davon sind immer anwendbar, die vierte ist angebracht, wenn wir Angriffen ausgesetzt sind.

4.1.1 Common Ground

»Recht haben genügt nicht; man muss auch recht bekommen.« Was in dieser erfolgreichen Kampagne wie ein jahrhundertealter Gemeinplatz klang, das war gar keiner; der Satz wurde von einer Werbeagentur erfunden. Die Kreativen wussten, dass der Anschluss an allgemein Bekanntes die Basis ist für rhetorischen Erfolg schlechthin. »Common« ist die Essenz der Kommunikation: »Common« kommt in allem vor, das gemeinsam macht – die »Kommunion« der katholischen Kirche wird gemeinsam zelebriert. Gemeinplätze lassen sich leicht formulieren. Wir brauchen lediglich ihre Aussagen in ein ähnlich bewährtes syntaktisches Muster zu setzen, und wir erreichen unser ähnliches Ziel. »There is no free lunch«, nichts ist umsonst, das ist so ein »internationaler« Common Ground, ein Gemeinplatz. Das ist existenziell. Weitere Beispiele, die »gemein machen«:

Wenn man was anfängt, will man's ja auch zu Ende machen.

Man weiß ja nie.

Kann man ja auch mal fragen.

Wenn man was macht, dann muss auch was rauskommen.

So ist es immer.

Am Anfang geht's immer zu langsam.

Alles zu seiner Zeit.

Niemand will so schlecht behandelt werden.

Wir wollen doch alle am Ende besser dastehen.

Sie alle hier wissen, was das bedeutet.

Wir haben in den letzten Jahren diese Firma gemeinsam aufgebaut.

Niemand will umsonst an einem Bahnsteig stehen.

Niemand hat eine Kristallkugel.

Wenn es schwieriger wird, muss man sich besser vorbereiten.

Gemeinplätze, Common Grounds, eignen sich als Initial. Ein fiktives Beispiel in einem Stil, der sich zunehmend durchsetzt:
Was einem wichtig ist, will man in der Nähe wissen, Reserven für Krisenzeiten zum Beispiel. Die Bundesbank holt deutsches Gold aus dem Ausland in heimische Tresore. In einigen Jahren sollte mindestens die Hälfte zu Hause sein. Heute sagt die Bundesbank, wie vorfristig wir dabei sind. Der zweitgrößte Goldschatz der Welt lagerte in New York, Paris und London. Nichts gegen Freunde, aber beim Gold hört die Freundschaft auf.

Nachrichtenjournalisten beginnen, so ist das Geschäft, mit der Neuigkeit. Aber nicht immer. Selbst der Qualitätsjournalismus weicht das inzwischen auf. Dieses Modul des Newsletters »Morning Briefing« von Gabor Steingart beginnt wie oft mit der Nachricht, aber sogleich knüpft der Text an, mit Sätzen, die gemein machen, selbst wenn es Nachrichten des Tages sind: »Es gibt zwei Gehälter, die interessieren jeden: das eigene und das des Chefs.« »Keine Rede ohne Widerrede.« »Was einem wichtig ist, will man in der Nähe wissen.« »Lange dachten viele, es ginge beim Dieselskandal nur um Motoren. Stimmt aber nicht.«

Zwei große Streiks der Lokführer gab es in Deutschland, im Abstand von sieben Jahren, und beide Male wurde dasselbe Stück aufgeführt. Beide Personalvorstände sagten fast wörtlich dasselbe, beide waren sehr gut in ihrer Rolle, nur die Geschlechter waren verschieden, und die Stimmen: One voice, many tones. Beide Male begannen TV-Statements mit demselben Common Ground: »Niemand will umsonst am Bahnsteig stehen.«

»Man«:

»Man« sagt man nicht. Oder doch? Es scheint zweierlei »man« zu geben. Zum einen das Gefährliche, das aus der Verantwortung des Einzelnen entlässt. Wer fragt, wie es in der DDR war, hört immer: »Man wusste ja nichts« oder: »Man konnte ja nichts machen.« Ich war dabei: Man wusste was, und man konnte was machen! Dieses »man« vernebelt Verantwortung.

Es gibt aber auch das gute »man« – das gemein macht. In Frankfurt am Main heißt es: »Man steckt nicht drin« statt: »Wir alle wissen einfach zu wenig Details, um den Sachverhalt beurteilen zu können.« Dieses »man« scheint entscheidend für den Erfolg kommunikativer Mammutaufgaben zu sein: »Man weiß ja, wo so was endet.« »Wenn man friert, zieht man sich was Warmes an.« »Wenn es regnet, nimmt man einen Schirm mit.« »Wenn man eine solche Aufgabe vor sich hat, braucht man Kraft.« »Was man beginnt, will man auch zu Ende machen.«

Als Griechenland zum wiederholten Mal gerettet werden sollte, goss eine Kanzlerin in einem Sommerinterview ihre Botschaft in den Gemeinplatz »Da lässt man ja auch dann keinen alleine«. Mit einem »man«, das Zustimmung schafft – und die ist die zentrale Kategorie aller Rhetorik. Dieses gute »man« steht beispielhaft für Zugang am Anfang des Trichters.

»Wir«:

Kaum etwas ist so offen für Manipulation sowie Vereinnahmung wie das »wir« – aber zugleich auch Chance für Überzeugung. »Wir erleben, dass ...«, »Wir sehen, dass ...«, »Wir wissen, dass ...«. »Wir glauben, dass ...«, »Wir müssen sicherstellen, dass ...« Und als Gipfel, nur kommunikativ, gar nicht inhaltlich: »Wir brauchen da gar nicht reden.« Das »wir« kann manipulieren, das muss es aber nicht. Meist aber schafft es zu Anfang die so wichtige Gemeinsamkeit.

4.1.2 Re-Verbalisierung

Die zweite Möglichkeit, den Trichter zu öffnen: Aussprechen, was die anderen denken und fühlen.

> Sie haben recht.
> Ja klar, sie sagen es.
> Sie sehen diese Zahl und fragen, was ist da los?
> Viele Menschen fragen sich das.
> Sie haben sich geärgert.

4.1.3 Basics

Physiologische Bedürfnisse haben hohe Erfolgschancen und sind für den Beginn sehr geeignet. Etwa wirtschaftliches Auskommen, leibliche Sicherheit, aber auch der Seele Wichtiges kann wirkungsvoll sein: Geborgenheit, Anerkennung, Zugehörigkeit, Selbstverwirklichung, verstanden werden. Diese basalen Bedürfnisse gilt es zu Anfang von Äußerungen anzusprechen.

4.1.4 Brücke

Diese vierte rhetorische Methode ist hilfreich, wenn Angriffe passieren. Die Brücke, die Interessen des Gegenübers mit den eigenen verknüpft – zu Anfang des Trichters. Das ist Bridging:

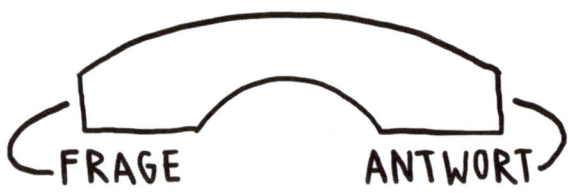

Hätte ich früher auch gedacht.

Sieht im ersten Moment so aus.

Werden wir oft gefragt.

Dachte ich mir, dass sie das fragen würden.

Muss ja im ersten Moment so aussehen.

Kann man auch mal fragen.

4.2 Breite durch Flughöhe (Altitude)

Größere Wichtigkeit gibt der Aussage Wucht. Wer von Anfang an Wirkung erzielen will, muss deshalb den Maschinenraum mit seinen Details verlassen. Wie schafft man das? Mit Sätzen aus größerer Höhe, die den Raum öffnen, ein Dach bauen und auf eine nächste Stufe verweisen: »Eine Maschine zusammenschrauben ist gut, eine Maschine verstehen ist besser«. Auch Metaphern geben Flughöhe, oder auch etwas, das im übertragenen Sinne die Götter anruft. Oder ein Wechsel der Perspektive von der Gegenwart in die Zukunft: »In zwei Jahren wollen Sie es geschafft haben.« Das »Was« ist gut, das »Warum« fliegt höher.[52]

Mehr Flughöhe, das schafft alles, das grundsätzlich ist. Vor allem kategorische Sätze entwickeln mehr rhetorische Kraft als jedes Detail:

- »Alle großen Systeme dieser Welt werden morgen Automatisierung brauchen.«
- »Für uns zählt nur, was für Kunden gut ist.«
- »Wir machen nur etwas, was am Ende klappt.«
- »Was auch immer geschieht: Vertrauen ist das Wichtigste.«

- »Wer Schaden verursacht, muss dafür aufkommen.«
- Erstaunlicherweise hebt sogar Tautologisches in größere Höhe – wenn es kategorisch ist: Dopplungen, die verstärken: »In ein Fünf-Sterne-Hotel gehört nur ein Fünf-Sterne-Orangensaft, niemals ein Vier-Sterne-Orangensaft.«

Viele gute Reden oder Antworten beginnen deshalb sofort mit Höherem.

- »Ich möchte zu Anfang ein Missverständnis aufklären: Sie denken, das ist eine Konferenz, es ist ein Raumschiff. Wir starten in Richtung Zukunft, und unsere Referenzen haben nur ein Thema: Was wollen wir morgen erreichen, und wie schaffen wir das.«

Sätze mit Flughöhe heben Bedeutungen aus Niederungen heraus. Ausschluss scheint besonders stark zu wirken:

- »Wir werden niemals eine Referenz geben, ohne Klienten zu fragen.«
- »Nie ging ein Elefant durch ein Nadelöhr.«
- »Wachstum gelingt niemals durch Sparen.«

In einer Studie wurden Probanden in zwei Gruppen geteilt. Der Gruppe A wurde gesagt, bei einer bestimmten Operation betrage die Überlebensrate 90 Prozent. Gruppe B hörte, das Sterberisiko betrage zehn Prozent. In beiden Fällen gab es sehr verschiedene Frames; ohne solche Rahmen können wir uns schwer verständigen. Ohne die Wörter »überleben« oder »sterben«. Das Wort liefert seinen Rahmen mit. In welcher der beiden Gruppen die Zustimmung zur Operation höher war, ist leicht zu denken.[53] Die Einrahmung entscheidet über die Richtung.
Der wirkungsvolle Trichter gibt deshalb nach dem Zugang zu Angesprochenen allem Nachfolgenden einen weiteren Horizont. Solche Rahmen können entscheidend sein für alles Weitere. Deshalb gehören Sätze mit Flughöhe eher an den Anfang, ausgesprochen vor den Details; die Aussagen werden so durch Bezug auf Größeres eingeleitet, Großes, darauf kommt es an, das zustimmungsfähig ist. Dieses

»Framing«, die Einrahmung als Argument-Design, das gab es schon in der antiken Rhetorik, aber so richtig in Mode kommt das erst seit ein paar Jahren, vor allem in der Politikberatung: »Manche finden Steuern eher schädlich, andere wollen mehr Steuern. Sie wenden also unterschiedliche Bewertungen auf den Fakt ›Steuern‹ an, aber das Wort gibt das alles nicht her. Erst geframt wird ein Schuh draus, als ›Steuerlast‹ oder ›Steuerregulierung‹. Eine Last ist negativ; der Frame liefert mit, dass Steuern schädlich sind.«[54]

Ohne Rahmen keine Interpretation. In einen anderen Rahmen gesetzt, ändert sich die Bedeutung. Ein Rahmen setzt manchmal Grenzen der Einschränkungen fest. Vor allem aber schafft und hebt er Sinn. Jeder Satz, der sagt, warum etwas geschieht, dass es anständig ist, für die Umwelt oder die Zukunft gut ist, all das hebt die Argumente in große Höhe. Schließlich heben Glaubenssätze ganze Argumentationen höher, oder auch alles Reden über Dinge, die uns wichtig sind, die wir erhalten wollen, die uns sagen, was richtig ist. Allerdings wechseln die Werte, die als Rahmen taugen. Wo früher Volk oder Nation wichtig waren, sind es jetzt Umwelt, Klima und Ernährung. Das lässt hoffen.

FLUGHÖHE DURCH FRAMING

Auch Versprechen schaffen Flughöhe

Commitment is basic	[Kopf]
Alignment ist verpflichtend	[Action]

Auch große Fragen heben Argumente an. Sie verschaffen dem Trichter zu Anfang Flughöhe: »Warum haben Menschen so große Schwierigkeiten damit, ihre Mitmenschen zu verstehen?« oder einfach nur: »Was ist ein guter Deal?« oder: »Worum geht es am Ende?«

Insgesamt heißt das: Nicht ohne Rahmen begonnen, nicht klein beginnen. Eine pharmazeutische Firma könnte sich rechtfertigen: »Wir haben nur eine kleine Studie. Bei Orphan Drugs, Medikamenten für seltene Krankheiten, ist das ja meist so.« Sondern mit dem Rahmen beginnen: »Orphan Drugs, sehr seltene Krankheiten, das heißt: Es kann gar keine großen Studien geben. Wir haben eine Studie, die typisch ist für Orphan.« Solchermaßen Gerahmtes ist überzeugend.

Flughöhe verleihen, das tun oft auch ganz pure Behauptungen: »Whenever you have to tackle a change, you have to start with the brains.« Nicht ungefährlich, unsicheres Terrain; es könnte auch, sagen wir, das Herz sein, mit dem man eine Veränderung beginnen muss. Alles ist wahr.[55]

»Wenn du eine Veränderung schaffen willst, musst du mit dem Herzen beginnen.« So etwas klingt wie eine 1000 Jahre alte Weisheit. Klingt so, ist es aber nicht: Ich hatte sie mit einem Klienten entwickelt, der den Zielsatz wollte: Ihr seid das Herz dieser Firma. Hätte er einen anderen Zielsatz ansteuern wollen, hätten wir mit demselben Recht sagen können: »Whenever you have to tackle a change, you have to start with the legs.« Beides stimmt – beides wirkt nur in kategorischer Behauptung. Dieses Behauptende, das muss man wissen, macht »hohe« Argumentation aber auch so gefährlich.

So weit die beiden Arten, zu beginnen: zuerst Zugang, dann Flughöhe. Zugang und Flughöhe scheinen beide wie ergänzende Wege, einen Trichter zu beginnen. Access, der Zugang zu Menschen, scheint eher weiblich zu sein. Und Altitude, Flughöhe, die Wichtigkeit behauptet und Wucht erhöht, das erscheint in dieser Sichtweise eher männlich. Beides zusammen wirkt besonders stark, am stärksten erst Zugang, dann Erhöhung.

4.3 Entfalten im Mittelteil (Meat)

4.3.1 Mittelstark – schwach – am stärksten

Der Mittelteil ist der Platz der Argumente, Beispiele, Bilder, Daten etc. Hinter vielen wirkungsvollen Argumentanordnungen steht auch hier das Zielsatz-Prinzip. Nach Studien und Erfahrungen dürfen wir davon ausgehen, dass die jeweils am stärksten wirkenden Argumente am Ende der Äußerung am besten platziert sind – der empirisch belegte Recency Effect der Stanford-Forscher (s. Seite 14 ff.).[56]

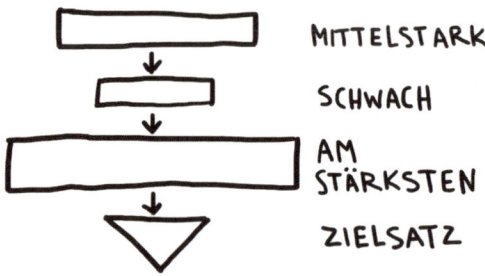

ARGUMENTE NACH WIRKUNG ANGEORDNET

4.3.2 Erst die Begründung, dann das Ziel

In dem Xerox-Experiment von 1978 hat die Psychologin Ellen Langer gezeigt, dass eine Begründung selbst ungebührliches Verhalten rechtfertigt. »Entschuldigung, ich habe fünf Seiten. Kann ich den Kopierer benutzen? Denn ich bin in Eile.« 94 Prozent ließen die Person vor, auf diesen Quatsch hin. Ohne sprachliche Begründung, logisch gesehen mit demselben Gehalt, waren es nur 60 Prozent. Begründetes Verhalten ist überzeugender, selbst dann, wenn die Begründung tautologisch ist: »Ich muss an den Kopierer gehen, denn ich muss noch einige Seiten kopieren.« Das war nur sprachlich wie eine Begründung konstruiert. Aber immerhin noch 93 Prozent der Wartenden ließen die Versuchsperson nach solchen Sätzen vor. Das Frappierende ist also, dass selbst schon etwas wirkt, das bloß wie eine Begründung aussieht.

- Bloße Bitte: »Excuse me, I have five (20) pages. May I use the Xerox machine?«
- Placebo-Information: »Excuse me, I have five (20) pages. May I use the Xerox machine, because I have to make copies?«
- Echte Information: »Excuse me, I have five (20) pages. May I use the Xerox machine, because I'm in a rush?«

Dass Handlung überhaupt begründet ist, scheint wichtig zu sein, aber soll man – wie in dem Xerox-Beispiel, erst das Handlungsziel nennen und sodann die Begründung – oder besser umgekehrt? Unsere Erfahrung zeigt, dass der Beginn mit dem Kern abschrecken kann. Heranführung scheint sicherer zu sein, wenn also Zustimmung schrittweise geschieht. Wer der Begründung zustimmt, tut das umso leichter mit dem Handlungsziel, die Umkehrung der Sätze des Xerox-Experimentes: »Ich bin in Eile. Darf ich durchgehen?«

4.3.3 Die Ebenen nutzen

Die einzelnen Schritte einer Äußerung leben oft in ganz verschiedenen Welten. Sie können sachlich-detailliert sein, sie können persönlich sein, oder auch kategorisch,[57] mit größter Höhe. Für hohe Wirkung sollten Argumente aus den darunterliegenden Ebenen eins und zwei beigemischt werden, und wohldosiert – um am Ende wieder an Höhe zu gewinnen. Gute Statements spielen oft mit diesen Ebenen, mit Details nur in der Mitte.[58]

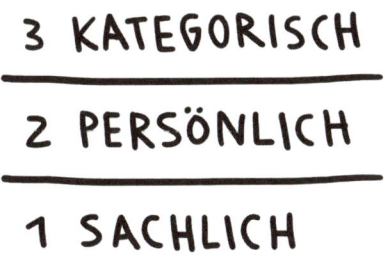

EBENEN DER ARGUMENTE

Frage: Ab wann sollte der Arzt nicht mehr jedes teure Medikament verordnen?

Beginn auf der kategorischen Ebene:	Das ist die Frage!
	Eine der heikelsten!
Dann persönlich:	Ich selbst wäge
	Einzelfälle ab.
	Nicht immer leicht.
Sachlich:	Kalendarisches Alter
	genügt nicht.
	Menschen altern
	unterschiedlich.
Der Zielsatz schließt ab:	Eine Altersgrenze
	kann es nicht geben.

In der Äußerung selbst können alle Aussagen aller drei Ebenen vorkommen.

Der Trichter beginnt kategorisch breit – sodann persönlich, schließlich sachlich, und der Zielsatz schließt. Rechts steht die Ebene verzeichnet. Ein Stichwort-Rede-Konzept eines Finanzvorstandes:

Die Finanzmärkte – derzeit schwach   3
  Wir sind bei 23 Euro, es waren mal 44
    Sie fragen: Kann man da investieren?
      Klar, nicht glücklich über Aktienkurs   2
        Aber Hoffnung
          Aber: Daten stimmen: seit Langem profitabel   1
          Fundamental in Ordnung
          Marktführer
            Investieren!

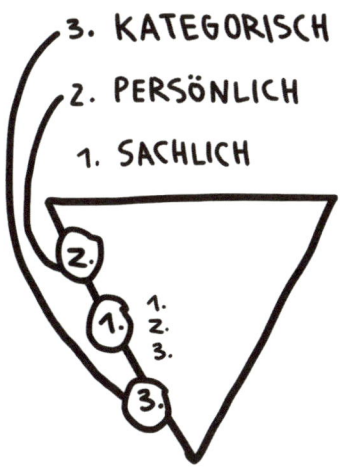

ARGUMENTATIONSEBENEN IM TRICHTER

4.3.4 Vom Fremden zum Eigenen

In jeder kritischen Frage steckt das Gegenteil des Eigenen. Aber im ersten Schritt das Eigene dagegenzustellen ist nicht glücklich. Es gilt zuerst das Fremde oder das Gefragte aufzunehmen und sodann einen Weg zu finden, die eigene Meinung zu stützen. Der Weg darf keinen Bruch enthalten; ein zu frühes »andererseits« oder »aber« schon zu Beginn des zweiten Schrittes wirkt zu schroff. Der Weg vom Fremden zum Eigenen sollte elegant geradlinig verlaufen.

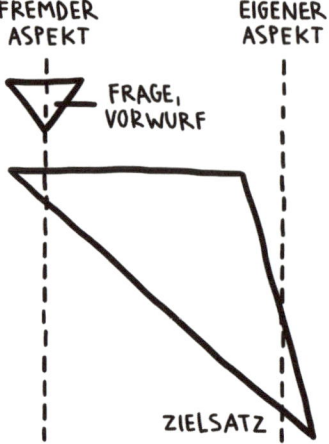

FREMDER ASPEKT

EIGENER ASPEKT

FRAGE, VORWURF

ZIELSATZ

RHETORISCHES PRINZIP:
VOM FREMDEN ZUM EIGENEN

4.3.5 Klarheit der Aspekte

Unordnung ist einer der schwersten Probleme des Trichters. Die Aspekte einer Sache sollten nicht zu oft wechseln.[59] Was etwa so verläuft, ist dann kaum mehr auf einen Punkt zu führen. Ein Statement:[60]

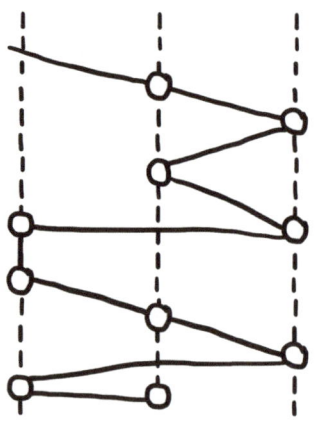

ZU HÄUFIGER WECHSEL DER ASPEKTE

Die Konsequenz heißt: nicht in den Aspekten springen, sondern Aussagen zu einzelnen Aspekten nacheinander in Clustern aussprechen, ordnen, wie im zweiten Beispiel.

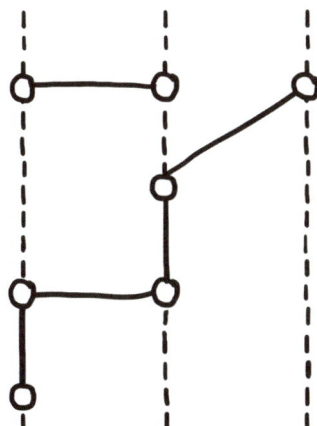

ASPEKTE IN CLUSTERN NACHEINANDER

4.4 Zielsatz (Punchline)

Nach Access, Altitude und Meat im Mittelteil folgt in wirkungsvoller Rede und Antwort der Punch. Aber nicht jeder Schlusssatz puncht, nicht jedes Ende ist ein Zielsatz. Wirkungsvolle Zielsätze folgen Prinzipien.

4.4.1 Was ist ein Zielsatz?

Der Prototyp des Zielsatzes stammt von Aristoteles. Nachdem er sagte:

Ich habe gesprochen,
ihr habt es gehört,
ihr kennt die Fakten,

pointierte er:
Trefft eure Entscheidung!

So weit das Original. Der Zielsatz folgt auf drei kategorische Sätze – die übrigens ohne jede Neuigkeit für die Zuhörer waren. Sie öffneten die Äußerung. Die rhetorische Wirkung ist damit vorbereitet: Zustimmung. Es fehlt nur der Landepunkt, und der kam im letzten Satz. Aristoteles interessierte schon damals die eine Frage: Worüber sollen die Zuhörer nach dem Statement sprechen, was ist das Ziel?

Versetzen wir ihn in die heutige Welt. Stellen wir uns vor, Aristoteles hätte, sagen wir, eine Präsentation zu halten, eine Magisterarbeit zu verteidigen oder – sicher wäre er in heutiger Zeit ein paar Jahre bei einer Strategieberatung gewesen – eine Studie vorzustellen. Stellen wir uns vor, er sagte das Wichtigste zu Anfang. In die Zeit vor 2350 Jahren zurück übertragen: dass wir unsere Entscheidung treffen sollen – eine Entscheidung, die erst danach erklärt wird:

Trefft eure Entscheidung! (Executive summary)
Denn: Ihr kennt die Fakten,
und ihr habt es gehört.
Ich habe gesprochen.
(Und so weiter.)   (Backup)

So kennen wir es, so machen es Lehrbücher und manche Lehrer. Die Liste der Begründungen endet stumpf, und es könnte uferlos sein – wie so manche Präsentation, wie jedes Handout, das im Backup versickert. Es überzeugt nicht, weil es nicht pointiert.

Zurück zu unserem Alltag. Bezogen auf die oben erklärten drei Schritte der Strategieberater bedeutete dies die Umkehrung des Aristoteles-Zitates, hier rechts neben den konkreten Sätzen:

Trefft eure Entscheidung! (Executive summary)   Solution
Denn: Ihr kennt die Fakten,
und ihr habt es gehört.   Complication
Ich habe gesprochen.
(Und so weiter.)   (Backup ...)   Situation

In diesem Fall fehlt der Zielsatz. Ohne Zielsatz ist Wirkung beschränkt.

Für die Überlegung, was ein Zielsatz ist, müssen wir kurz tiefer tauchen. Der Begriff Zielsatz enthält den Begriff Ziel. Telos, das Ziel, ist einer der Eckpfeiler der griechischen Philosophie. Es gibt seither eine eigene Lehre von den Zielen, die Teleologie. Die teleologische Vorstellung, die Überzeugung, dass sich etwas notwendig auf ein Ziel hinentwickelt – dem Wortsinne nach eigentlich fatalistisch –, ist das Gegenteil der kausalen Vorstellung, die Entwicklung aus Ursachen heraus kennt. Und: Das Ziel ist von einer anderen Sorte als alles Übrige. Es steht über allem.

4.4.2 Viele mögliche Zielsätze

Jeder, der redet und den Endpunkt noch nicht vor Augen hat, fragt: »Wo will ich hin«? Die Polytelie – zu viele mögliche Zielsätze – ist gar nicht selten und im Alltag eher der Normalfall. Aber auch im professionellen Business kommt Vielfalt möglicher Ziele vor. Zum Thema Wachstum etwa kann der Zielsatz heißen: »Wir halten an der Prognose fest«, aber auch: »Weil Prognosen schwierig sind, nur so viel: Wir wollen weiter wachsen.« Oder: »In den nächsten Wochen werden wir ein genaueres Bild haben«. Oder auch: »Aber Wachstum ist nicht alles.«

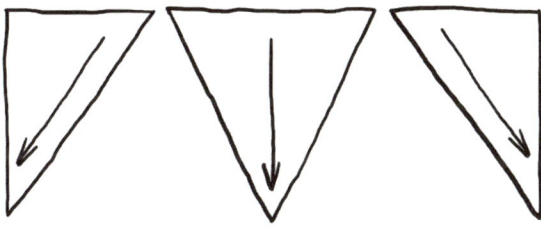

POLYTELIE:
VIELE ZIELSÄTZE MÖGLICH

Alle diese Zielsätze können »richtig« sein, denn es gibt nie den einen richtigen Zielsatz; die Wirkungsabsicht bestimmt die Auswahl. Wenn mehrere Zielsätze möglich sind, dann wären mehrere Trichtermodule hilfreich. Die Auswahl trifft der Sprechende – möglichst vorher.

4.4.3 Positive Zielsätze

Ich sollte weniger Wein trinken! Welches Bild entsteht vor den Augen, während Sie einen solch tapferen Satz sprechen? Es ist das Bild einer Flasche mit einem richtig schönen Etikett. Was verschwinden sollte, baut sich erst so richtig auf. Wer jemals versucht hat, mit dem Rauchen aufzuhören, weiß, was das bedeutet. Je massiver das Nichtwollen auf die Leinwand projiziert wird, desto größer ist die Gefahr der Beharrung. Die besten Zielsätze sind deshalb solche, die nicht weg von irgendetwas weisen, sondern hin zu etwas gehen: »Lesen Sie jeden Abend mindestens eine Stunde!« Nach mehreren der vergangenen Bundestagswahlen zeigt sich, dass negative Zielsätze weniger erfolgreich waren als positive. Der die links in der Grafik vorkommenden Sätze sprach, musste verlieren:[61]

ANGREIFER	AMTSINHABER
ES GEHT UNGERECHT ZU	ES SOLL GERECHT SEIN
WIR SIND DAGEGEN	WIR TUN DA WAS, WIR SCHAFFEN DAS
ICH MÖCHTE NICHT MIT TRUMP SPRECHEN	ICH WERDE MIT TRUMP SPRECHEN
ABWARTEN —— HANDELN	
VORSICHT —— STOLZ	
SORGEN —— WÜNSCHE	

WAHLKAMPF: SORGEN, WÜNSCHE

4.4.4 Gegenwärtige Zielsätze

»Wenn du älter bist, wirst du an meine Worte denken!« Jeder Teenager hört so etwas und pfeift drauf. Das Ziel muss als Gegenwart greifbar sein, und das leisten Ziele in der Zukunft nicht, sie bleiben Wünsche. In der Therapie ist das seit über 100 Jahren bekannt; der Arzt Heinrich Schultz setzte vor dem Ersten Weltkrieg genau das um mit seinem Autogenen Training. Seine heute noch verwendeten Formeln der Selbstsuggestion zur Entspannung waren strikt gegenwartsbezogen, nicht: »Ich werde gleich ganz ruhig werden«, sondern: »Ich bin ganz ruhig.«

Kein Satz ist wie der Zielsatz, er ist der König der Sätze. Deshalb ist der Zielsatz so ziemlich das Gegenteil üblicher Verlegenheitsformeln: »Danke für Ihre geschätzte Aufmerksamkeit!« oder: »Dass Sie mir so zahlreich zugehört haben.« Der gute Zielsatz ist selten inhaltsschwer, aber niemals 08/15.

4.4.5 Implizite Zielsätze

Es gibt Zielsätze, die nicht ausgesprochen werden. Solche impliziten Zielsätze sind Zielvorstellungen darüber, was im Kopf des Hörers vor sich gehen soll. Sie heißen etwa: »Das verstehe ich«, »Das leuchtet mir ein«, »Damit werde ich gleich anfangen« oder: »Warum habe ich das nicht schon vorher gewusst?«

4.4.6 Explizite Zielsätze

Für die Äußerung selbst aber müssen Zielsätze explizit werden. Explizite Zielsätze sind wiederum konkrete Varianten impliziter Ziele: Sie zielen auf Handeln. Explizite Zielsätze sind ausnahmslos Derivate eines impliziten Imperativs: »Bitte folgen Sie meiner eben dargelegten Einschätzung und handeln Sie danach!« Ab jetzt ist nur von expliziten Zielsätzen die Rede.

Zielsätze

- Appelle: »Lassen Sie niemals Widersprüche zu!«
  »Seien Sie dabei!«
- Aufforderungen: »Sie sollten deshalb unbedingt: …«
  »Lassen Sie uns deshalb schnell beginnen.«
- Fragen: »So weit, so gut; aber ist das alles?«
- Aktionen: »Und jetzt können wir darüber reden, warum das so ist.«
- Konsequenzen: »Das bedeutet: Niemals ohne Analyse beginnen.«
- Floskeln: »Auf geht's« »Und das machen wir jetzt«,
  »Fangen wir an!«
- Prinzipien: »Diese Dinge werden wir beherzigen.«
- Slogans: »XY wirkt sofort«, »Darauf kommt es an«, »That's it«, »Lasst uns anfangen«, »Übrigens ist das gut so.«
- Konklusionen: »Deshalb sollten wir das jetzt tun.«
- Stimmungen: »Darauf dürfen wir stolz sein.«
- Abbinder ohne inhaltlichen Anspruch: »So machen wir es jetzt.«

Das entscheidende Modul einer sogenannten »Ruck-Rede« eines Bundespräsidenten ist ein Beleg dafür, dass Zielsätze nicht logisch oder auch nur stringent aus dem Vorhergehenden folgen: Dass die besten Jahre noch kommen, ist mitnichten begründet. Aber der Zielsatz pointiert gut: »Wir müssen jetzt an die Arbeit gehen. Ich rufe auf zu mehr Selbstverantwortung. Ich setze auf erneuerten Mut. Und ich vertraue auf unsere Gestaltungskraft. Glauben wir wieder an uns selber. Die besten Jahre liegen noch vor uns.«

Ein Zielsatz muss immer abschließen. Er soll ein Ende markieren, er soll aufrütteln und schließen. Seltener tut ein Zielsatz das Gegenteil, etwa weiter weisen. Entscheidend ist der Hörer; er muss etwas Abgeschlossenes bekommen, damit die jeweilige Botschaft eindeutig ist.
Zielsätze sind inhaltlich begründet. Meistens, aber längst nicht immer. Der Zielsatz kann auch nur ein abbindender Spruch sein. Im

Idealfall ist er unique, aber das ist selten. Sie kennen die immer gleichen Endsätze der Fernsehmoderatoren (»Alles wird gut«): Sie versuchen, genau das zu erreichen. Meine Kolumnen als »Meinungsmacher« des *manager magazins* endeten immer auf: »Nichts zu danken.« Dieser Zielsatz ist von Brecht, und das Gedicht, aus dem es stammt, kommt hier gleich mit. Es ist streng pointiert wie Redemodule (s. Seite 146 ff.).

Reden Sie nichts von Gefahr!
In einem Tank kommen Sie nicht durch ein Kanalgitter:
Sie müssen schon aussteigen.
Ihren Teekocher lassen Sie am besten liegen
<u>*Sie müssen sehen, dass Sie selber durchkommen.*</u>

Geld müssen Sie eben haben
Ich frage Sie nicht, wo Sie es hernehmen
Aber ohne Geld brauchen Sie gar nicht abzufahren.
Und hier können Sie nicht mehr bleiben, Mann. Hier kennt man Sie.
Wenn ich Sie recht verstehe
Wollen Sie doch noch einige Beefsteaks essen
Bevor Sie das Rennen aufgeben!
Lassen Sie die Frau, wo sie ist!
Sie hat selber zwei Arme
Außerdem hat sie zwei Beine
(Die Sie nichts mehr angehen, Herr!)
<u>*Sehen Sie, dass Sie selber durchkommen!*</u>

Wenn Sie noch etwas sagen wollen, dann
Sagen Sie es mir, ich vergesse es.
Sie brauchen jetzt keine Haltung mehr zu bewahren:
<u>*Es ist niemand mehr da, der Ihnen zusieht.*</u>

Wenn Sie durchkommen
Haben Sie mehr getan als
Wozu ein Mensch verpflichtet ist.
<u>*Nichts zu danken!*</u>

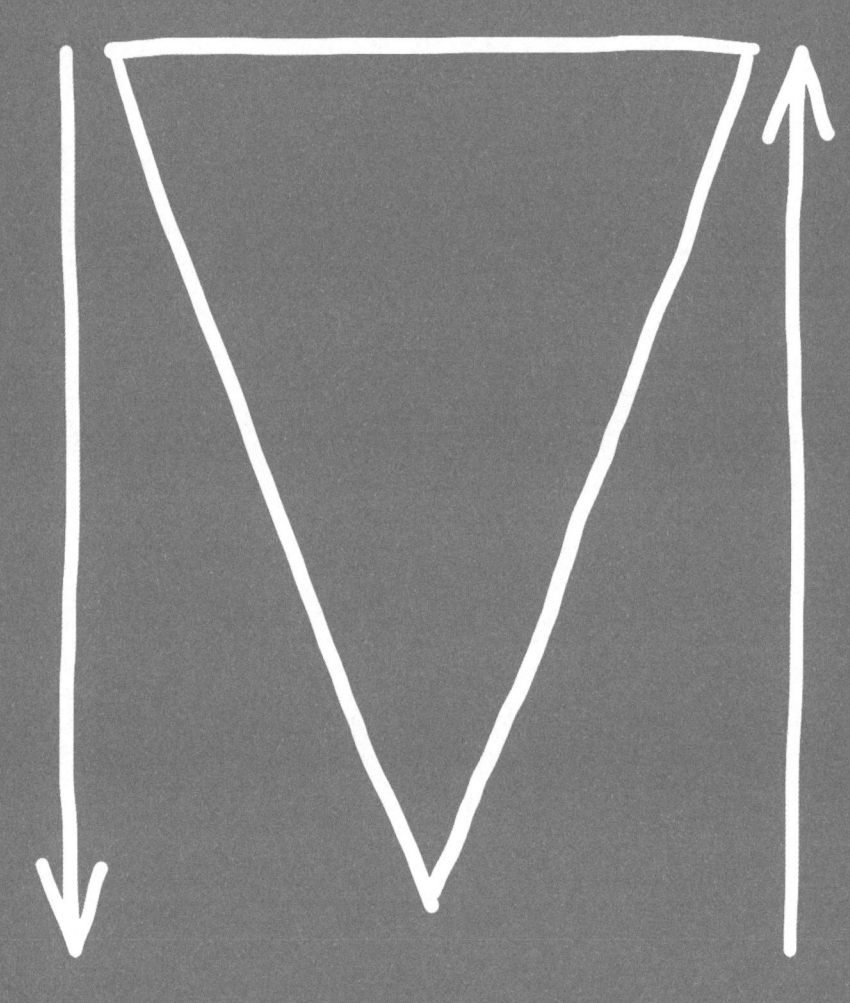

5

Kreation und Planung von Trichtern

5.1 Dem Trichter einen Spin geben

Geschichten erzählen wir oft so, wie wir sie erlebt haben, wir bedenken dann nicht, wie sie wirken. Manchmal auch sind Geschichten schon deshalb wirkungslos, weil sie auf einen falschen Punkt zielen. Damit erzielt eine Story keine Wirkung – oder keine gute, oder keine gewünschte.

Die Richtung, auf die hin wir die Story erzählen – auf welchen Punkt wir sie bringen – bestimmt den Effekt. Indem wir die Geschichte auf ein Ziel hin erzählen, bekommt sie Drive.[62] Der Begriff Spin kommt aus der Physik, dort ist das der Eigendrehimpuls von Elementarteilchen. Oft geben erst diese Spins dem Herkömmlichen etwas Leuchtkraft. Es ist die gewollte Drehung, die Wirkung potenziert. Alle großen Marken sind Spins: Sie pointieren ein oft herkömmliches Business in eine Richtung – oder Spin schafft Aura: Harley-Davidson, Rolex ohnehin, wir kennen sie alle.

Drehen, trudeln, kreisen, schleudern – aber immer mit Ziel: Ein Spin ist die Änderung der Richtung, die Drehung auf einen wirkungsvollen Punkt hin. Es ist ein Antrieb, der nicht per se in der Geschichte steckt. Bekannt ist der Spin im Tennis. Der Topspin hat sich in den letzten Jahren durchgesetzt. Der Ball wird mit einer von unten nach oben durchgeführten Schlägerbewegung gestreift. So entsteht ein Effekt nach vorn – je mehr Tempo, desto stärker der Spin. So entsteht zusätzlich ein Seitwärtsdrall. Der Spin ist eine wunderbare Metapher für rhetorische Wirkung. Der Spin lenkt immer auf ein Ziel, das sich ohne Professionalisierung kaum erreichen ließe.

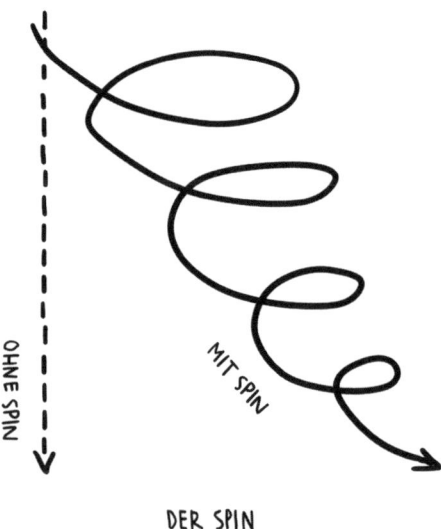

DER SPIN

Das macht den Spin reizvoll: Ein und dieselbe Story kann auf ganz verschiedene Zielsätze hinsteuern. Derselbe Trichter kann links oder rechts unten enden. Mit demselben Anfang, mit derselben wahren Begebenheit, aber mit anderem Spin wird eine vollkommen andere Wirkung erzielt. Der Vorstandsvorsitzende eines Energieunternehmens eröffnete eine Bilanzpressekonferenz ungefähr so:
»Tja, schönen guten Morgen, ich habe die Agenturen gelesen. Einer von Ihnen hat schon geschrieben, der Raum hier sei rustikal. Ich habe von rustikal eine andere Vorstellung. Na ja, fangen wir an.«

Der CEO wollte frei sprechen, authentisch. So war es dann auch. Heraus kam der falsche Spin, der seinen impliziten Zielsatz nur leicht verblümt sagt: »Was ihr Idioten wieder schreibt!« Dabei ist eine Pressekonferenz dazu da, sich Freunde zu schaffen. Jemand hat aber hier mit seinen Sätzen viel von dem vernichtet, was das Unternehmen in die Vorbereitung der Pressekonferenz investiert hatte. Was hätte der Sprecher tun können? In meinen Executive Modus Retreats habe ich diese Szene nachgespielt, um zusammen einen Spin zu suchen; es kam Folgendes heraus:

»Guten Morgen, ich habe die Agenturen gelesen. Einer von Ihnen hat schon geschrieben, der Raum hier sei ›rustikal‹. Uns fällt das gar nicht mehr auf. Vielleicht ist es ja ganz gut, dass manchmal jemand kommt und von außen auf uns draufguckt. Insofern freue ich mich auf unser Gespräch nachher.«

In dieser zweiten Fassung ist die angestrebte Wirkung des Events so zu Beginn erreicht. Beide Statements haben denselben Anfang – beide enden an verschiedenen Punkten. Das erste ist keineswegs moralisch besser oder gar wahrer. Höchstens authentisch, aber gerade deshalb gefährlich.[63] Es ist einfach nur schlechter als das zweite, weil es Zuhörer brüskiert statt einnimmt.

Wir erleben viele Möglichkeiten, in denen die wirkungsvolle Drehung helfen würde. Der kleine Anlass eignet sich gut, jede noch so alltägliche Beobachtung kann rhetorische Wirkung entfalten, indem wir die Story auf die gegenüberliegende Seite drehen. Der Anfang kann derselbe sein, hinzu kommt dann der Spin, der die Geschichte auf das Ziel hinlenkt: »Schön, dass Sie trotzdem gekommen sind.« Die Tendenz entfaltet Wirkung. Den professionellen Spin schafft kaum jemand ohne Hilfe, und das brachte einen ganzen Berufsstand hervor, den Spin Doctor, den kreativen PR-Berater. Allerdings ist nicht jeder PR-Berater oder Rhetorik-Coach auch ein Spin Doctor. Die Voraussetzung des Spinning ist Kreativität.

Der Präsident eines Bundesliga-Fußballvereins hatte zwei Auftritte vor sich, eine Pressekonferenz und eine Rede auf der Jahreshauptversammlung. Nach sieben Jahren sollte er nicht wiedergewählt werden; er war in der Defensive. Deshalb, unter größter Überwindung, hat er Berater engagiert. Wir bereiteten eine Abschiedsrede vor. Auf der Pressekonferenz erzählten wir die Story, wahre Geschichten über die ersten Wochen, in denen der Verein finanziell saniert wurde, eine Geschichte nach der nächsten. Einige Tage später, in der Rede auf der Jahreshauptversammlung, präsentierten wir ein Derivat davon, gegenüber der Presseveranstaltung nur kraftvoller inszeniert. Der Anfang war gut geprobt, ohne die üblichen Begrüßungsfloskeln, mit klaren Worten, während er die Vereinsskulptur in der Hand hielt:

»Ich habe diese Figur zum Amtsantritt bekommen, vor sieben Jahren, und ich werde sie noch sieben Jahre auf dem Schreibtisch haben und dann noch mal sieben Jahre. Einmal dieser Verein, immer dieser Verein.«

Nicht auszudenken, hätte es da keinen Spin gegeben, wäre er mit seiner ganzen authentischen Gekränktheit erschienen. Wir hatten es mit einer kraftvollen Metapher zu Anfang und einem rhetorischen Spin gedreht: Nicht der Verein will den Präsidenten nicht mehr, sondern der Präsident geht, obwohl er den Verein liebt und immer lieben wird. Kurz nach diesen beiden Veranstaltungen wurden Stimmen laut, er solle noch ein paar Jahre Präsident bleiben. Vielleicht noch sieben Jahre?

5.2 Vom Ende aus planen

»Denkt nicht nach; was ihr zu sagen habt; es wird euch eingegeben werden!«, so etwas funktioniert nur in der Bibel. »Ganz frei« reden geht oft genug schief. Freie Satzplanung ist gut, freie Redeplanung ist selten gut.
Richtig gut wird ein Ende als Ergebnis eines Plans. Was ist unser letzter Satz? Wissen wir ihn, wenn wir beginnen? Für jede Äußerung können wir uns eine Zeitachse vorstellen, von oben nach unten. So planen wir sukzessive, immer etwas vor dem Aussprechen, Redeplanung und Satzplanung gleichzeitig. Das ist schwer und führt oft zu Problemen des Aussprechens. Einen guten Zielsatz findet man ad hoc eher nicht. Ein gutes Ende stellt sich während des Redens nicht so leicht ein; die Äußerung versickert nicht selten im Nichts.
Hier fehlt der Zielsatz. Manche Planung beginnt an einem gewollten Punkt, und es treibt dann zu einem nicht gewollten. Nichts ist hier geplant, vieles dem Zufall überlassen, und Argumente fliegen ein, ohne auf ein Wirkungsziel einzuzahlen, und die Landung ist ein Punkt, an den wir nicht wollten. Und manchmal gibt es kein Ziel. Die berühmte Katze fragt Alice im Wunderland: »Wohin willst du?« Alice

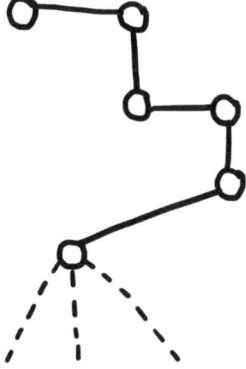

IN DER REDE DEN ZIELSATZ VERLOREN

sagt: »Ich weiß es nicht.« Darauf hört sie: »Dann ist es egal, welchen Weg du nimmst.«

Um das zu vermeiden, ist es richtig, erst das Ziel zu formulieren und dann das Problem. Die Entscheidung, wohin wir wollen, muss stehen. Damit der Zielsatz nicht beliebig ist, sollte er vorher geplant sein.[64] Das ist wie in jedem erfolgreichen Business: Zunächst definiert man das Ziel, danach lassen sich die Schritte suchen, die darauf hinführen. Am Schluss steht die Überlegung, wie an die Erwartungen anzuschließen ist – und die Flughöhe: Access und Altitude. Gesprochen wird wieder umgekehrt.[65]

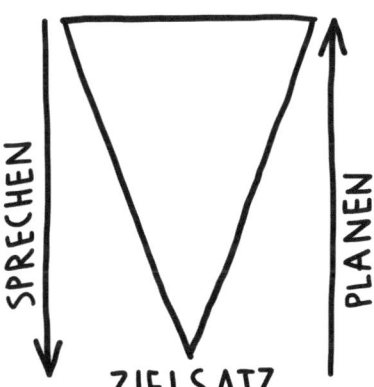

SPRECHEN

PLANEN

ZIELSATZ

SPRECHEN ZUM TRICHTER HIN,
PLANEN VOM TRICHTER HER
VGL. GEISSNER, REDEPÄDAGOGIK, WACHTEL,
SCHREIBEN FÜRS HÖREN

Und verlorene Zielsätze? Werden oft wieder präsent durch Zusammenfassung oder Kurzgliederung. Danach kann man wieder ansetzen, und vorausschauend schnell im Kopf einen Zielsatz etablieren.

5.3 Vollplan oder Gerüst

Das Ideal sind nach einem klaren Plan im Voraus entwickelte Zielsätze, wie eben beschrieben, vom Ende her. Trichter scheinen besonders gut zu gelingen, wenn sie möglichst anschaulich als Bild vor Augen sind, als einfache Sätze oder ganze Brain Scripts, Drehbücher im Kopf.[66] Wie plant man Trichter für Reden und Antworten? Es gibt zwei Arten, einen Plan für Äußerungen zu machen, von denen der erste der sicherste ist:

A   Vorbereitung mit einem konkreten Plan – für Reden in vielen Modulen, für Antworten als ein Trichter je Frage, vorab entwickelten Trichtern in Stichwörtern:
   • Thema wählen
   • Trichter in Stichwörtern entwerfen
   • Probe

B   Vorbereitung nach einem generischen Muster. Diese Variante lässt mehr Freiheit. Der Trichter ist dazu ein wirksames Muster. Auch eine nicht vorab geplante Antwort etwa wird dann ein Trichter, und Reden bestehen aus vielen aufeinanderfolgenden Dreiecken.

WENN SCHON NOCH KEIN PLAN,
DANN EIN GENERISCHES MUSTER

Das ist schon eine Art Algorithmus der Vorbereitung längerer Rede. Dazu hat sich Folgendes bewährt: Ziel definieren – ein Gerüst aus Themen – Satzplanung: Trichtermodule mit Stichwörtern – Probe.

5.4 Zugang oder Zielsatz

Manche Sätze taugen als Beginn – oder als Ende. Ein Beispiel aus einem Statement eines Managers eines Metallunternehmens: »Gold in Niedrigtemperatur verarbeiten«, dieser Gedanke ist einmal Einstieg und ein andermal Zielsatz:

Gold in Niedrigtemperatur verarbeiten,
    und auf Glas, Keramik und sogar Kunststoff aufbringen
      Eine Revolution!

Gold verarbeiten, das heißt seit Jahrtausenden: Hitze.
    Niemand dachte, dass das jemals anders wird
      Jetzt ist das möglich:
        Gold in Niedrigtemperatur!

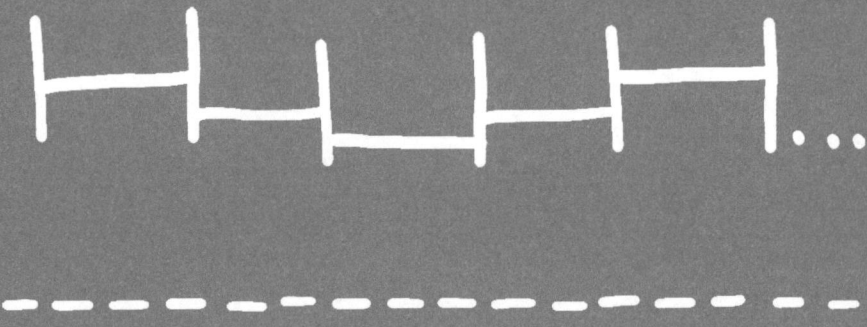

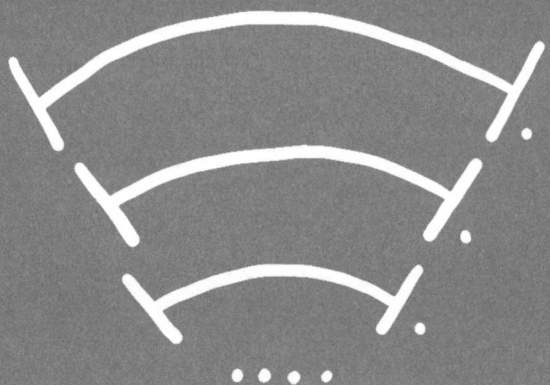

6

Das Prinzip Mündlichkeit

6.1 Trichter sprechen

Argumente anordnen ist das eine, sie wirkungsvoll aussprechen das andere. Gehen wir eine Stufe tiefer, in das Innere von Sätzen. Zwei Dinge sind entscheidend. Erstens: Das Wichtigste, der Kern, der betont wird, ist normalerweise im Deutschen im hinteren Teil des Satzes – wieder das Prinzip Pointierung. Zweitens: Mündliche Sprache geschieht in Schritten und nicht in grammatischen Konstruktionen.

Seit über 100 Jahren tobt eine Diskussion darüber, was ein mündlicher Satz ist. Es geht um das »Aus-Sprechen«, nicht um das »Aus-Schreiben«. Vorausplanen und Aussprechen eines Satzes gehören im Sprechen zusammen. Deshalb fand man den Begriff »Sinnschritt«[67] – was nicht gleich einem grammatischen Satz ist. Was auf einem Atem gedacht und gesprochen wird, ist so ein Sinnschritt. Der mündliche Schritt ist kürzer, oft nur ein oder zwei Wörter. Auch ein »na ja« kann ein wesentlicher Teil eines Trichters sein.

Wir können heute noch einen Satz von Heinrich von Kleist mühelos vorlesen und verstehen, obwohl er grammatisch mehr als 20 und oft mehr als 30 Wörter hatte. Er schrieb in kurzen Schritten, wie für das Vorlesen. Deshalb ist es sinnlos, Wörter von Punkt zu Punkt zu zählen. Wir hören – und reden – nicht in grammatisch korrekten Konstruktionen, sondern in solchen Sinnschritten. Das wichtigste Prinzip ist deshalb, je kürzer die Einheiten sind, desto wirkungsvoller. Mundgerecht.

Das Wort »Satz« bedeutete ursprünglich: fest geformt, einen fertigen Schritt »set-zen«. Setzend sprechen wir Inhalte, die keiner bewussten Ausformung mehr bedürfen: feste Wendungen, Floskeln, fertig Gedachtes, Bemerkungen, Ritualisiertes und Standardisiertes. »Guten Tag« oder »Geh'n wir«, das so Gesetzte hat immer nur eine Betonung. Diese Art der Satzplanung ist hörverständlich, schon weil die Schritte kurz sind. Anders gesagt: Wir produzieren keinen Text, wir machen einen Spruch.

Es gibt zwei Arten der Satzplanung, je nachdem, wie weit das Denken dem Sprechen vorauseilt. Weitgehend fertig geplante Sätze entwickeln wir fortlaufend. Wissen wir dagegen noch nicht, was wir im Satz sagen wollen, dann planen wir phasenweise:

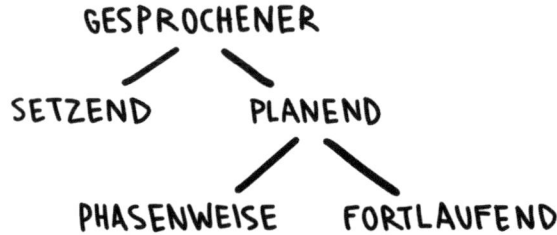

GEPLANTE UND GESETZTE SÄTZE

1. Der Sprecher weiß schon, was er mit dem Satz sagen will: In dieser »fort-laufenden« Form ist der Schritt bereits weitgehend geplant, wenn er ausgesprochen wird: Hierbei fügen wir gleichsam die Sinneinheiten aneinander, durch Atempausen getrennt. Dieses Sprechdenken verläuft relativ flüssig; die Wortbilder sind teilweise bereits vorhanden, oft schon früh das leitende Verb. Fortlaufendes Sprechen ist linear und nicht verschachtelt, in kurzen Schritten mit nur einem Kern pro Satz – also nur einer Betonung. Hier erscheinen die Gedankenschritte in der Gliederung des Gesprochenen, weil »Sinnschritte« um je eine Betonung herum entstehen. Wir fügen sie kurz und hörverständlich aneinander. Solche Sinnschritte sind leicht zu sprechen und leicht anzuhören. Es sind, grammatisch gesagt, einfache Sätze. Am »fort-laufenden« Sprechen solcher Schritte lässt sich das Sukzessive des Sprechdenkens gut zeigen.

2. Der Sprecher weiß noch nicht genau, was er mit dem Satz sagen will. So sprechen wir Komplizierteres aus, manchmal auch mit dem Wunsch, »druckreif« zu sprechen. Diese phasenweise Satzplanung ist schwerer, weil hier die vollständige Sprachform noch nicht vor Augen steht, wenn wir zu sprechen beginnen. Nur das Thema ist da, der Satzkern ist nur nebulös vorhanden. Die weitere Ausformung ist offen und die Richtung kann sich ändern, weil der Satzkern erst während des Aussprechens entsteht. Phasenweise planen wir den Satz erst zu Ende, während wir seinen Beginn schon ausgesprochen haben.

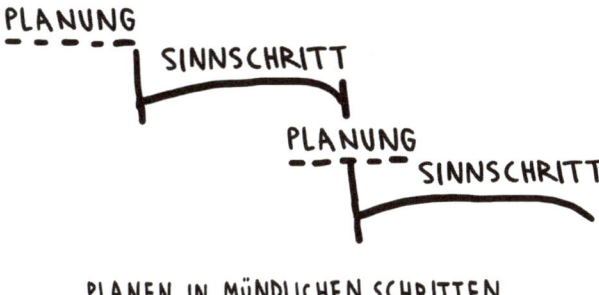

PLANEN IN MÜNDLICHEN SCHRITTEN

Die Folgen für Gliederung und Betonung liegen auf der Hand: Am sichersten ist es für Sprecher wie Hörer, fortlaufend in kurzen Schritten zu sprechen. Phasenweises Sprechen dagegen produziert mehr potenzielle Betonungen. Sind diese Betonungen nur ungenau, ergeben sie eine Reihung, die monoton klingt – wie beim schlechten Vorlesen. Auch die Sinnschritte werden länger. Phasenweises Sprechen ist allerdings die kreativste Form. Wer sie anwendet, sollte sie auch gut beherrschen. Anderenfalls entsteht hier oft das »eh«.

Egal also, wie lang der grammatische Satz ist, die Schritte des Trichters sollten Sinnschritte sein. Diese Kurzschrittigkeit scheint im Englischen leichter zu gelingen, das berichten viele, die in beiden Sprachen reden. Als Beispiel ein Trichtermodul einer Eröffnungsrede des Stern Stewart Institute, aus frei Gesprochenem verschriftet:

»Have you ever heard of Darwin?
Sure! The theory of evolution!
I know, it's an old theory. One from another time.
Darwin needed no god to explain how life has been created.
But evolution takes forever. It is so slow.
On the other hand think about the story of Adam and Eve.
Within a few seconds god created human life.
You see, a god is so much more efficient.«

Ein weiteres Beispiel ist der zweite Trichter der Obama Victory Speech – der erste erscheint auf Seite 39. Der Satz ist sehr lang, über ein ganzes Modul hin. Wichtig ist nicht Schriftgrammatik, wenn nur die mündlichen Sinnschritte kurz sind. Schauen wir den zweiten Trichter an: voller kurzer Schritte:

It's the answer told by lines
that stretched around schools and churches
in numbers this nation has never seen;
by people who waited three hours and four hours,
many for the very first time in their lives,
because they believed
(that) this time must be different;
(that) their voice could be that difference.

Die beiden letzten Zeilen beginnen mit falscher Grammatik – in einer vorgelesenen Rede eines US-Präsidenten in seiner Muttersprache; eine Verwechslung von »this« und »that«!: »(That) this time must be different, und (that) their voice could be that difference.« Aber dem Redner ist es das ganz zu Recht egal – und für die Wirkung ist es das ohnehin.

Wenn die Satzform mündlich ist, bleibt noch der Sprechausdruck als Hebel. Sprechen ist eine körperliche Aktion, sie unterstützt die Wirkung. Vor allem die Fähigkeit zur Variation ist entscheidend, auch das Tempo ist für das Verstehen wesentlich. Psycholinguisten fordern ein mittleres Sprechtempo von 250 Silben pro Minute.[68]

Allein der Sprechausdruck schafft Sinn, die Melodie, die Dynamik, mit der der Zielsatz ausgesprochen wird. Oder durch Tempo: Wie in der Musik verstärkt das Ritardando die Wirkung, beim Sprechen ist es ebenso. Besonders wirkungsvoll kann der Sprechstil beim Aussprechen des Zielsatzes sein. Er sollte dynamischer gesprochen sein, oder das Tempo kann zum Zielsatz hin reduziert sein, oder es kann vor ihm eine Pause geben.

6.2 Schreiben fürs Hören

Schriftliche und mündliche Sprache sind verschieden. Schriftliches produziert ein komplexes Werk: Die Maßeinheit für Schrift ist ein Text. Gesprochene Sprache sollte für das Hören geschrieben sein. Das Maß für Mündliches ist ein Spruch.

Aber wie funktioniert Hörverstehen? Anders als Leseverstehen. Deshalb sollte die Sprache anders sein, einfacher, nicht verschachtelt. Psycholinguistische Forschungen belegen: Je mehr sich eine Äußerung der Umgangssprache annähert, desto verständlicher ist sie. Vor allem durch ungebräuchliche Wörter, Abkürzungen und Fremdwörter kommt es zu Erschütterungen des Hörverstehens und Schlussfolgerungsoperationen. Solche »Knicke«, an denen Zuhörer aussteigen, lassen abschalten. Unser Schriftdeutsch ist dafür prädestiniert; seine Komplexität bläht den Trichter auf. Nicht nur durch die Länge, sondern auch durch die Komplexität der Sätze wird Verständlichkeit erschwert. Untergeordnete Nebensätze und Satzeinbettungen bereiten deshalb Probleme, weil das Prinzip der Linearität verletzt wird: Wir hören eins nach dem anderen. Vor allem auch die Dichte von Sätzen – viele Informationen, mehrere Satzkerne – ist hinderlich. Deshalb erleichtern einfache und kurze Sätze das Hörverstehen. Regeln aus meinem Buch *Schreiben fürs Hören*:

- Schreiben in Sinnschritten, nicht in grammatischen Konstruktionen
- Wiederholen
- Beziehungen verdeutlichen

- Ein Kern pro Sinnschritt
- Den Satzkern ans Ende
- Parataktisch statt hypotaktisch

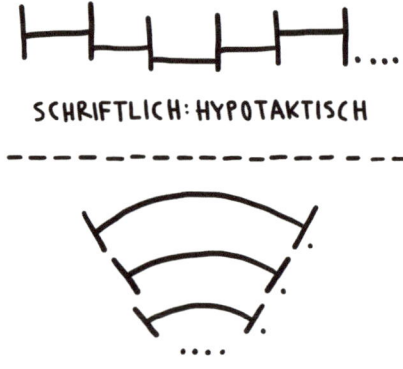

SCHRIFTLICH: HYPOTAKTISCH

MÜNDLICH: PARATAKTISCH

SCHRIFTLICHE UND MÜNDLICHE SÄTZE

Schließlich: Redeplanung und Satzplanung hängen zusammen. Ein Trichter lässt sich umso leichter sprechen, je mündlicher die Sätze sind. Nach dem Zielsatz-Prinzip Geplantes wird eher kurzsätzig.

6.3 Schriftgrafik: Stichwortkonzepte

6.3.1 Regeln für Stichwort-Trichter

Jedes Gesprochene wird beeinflusst durch die Art der leitenden Notizen; die Form auf dem Papier findet sich im Ton wieder. Ein Beispiel ist die Strophe. Sie hat eine feste Form, um die Gliederung eines Gedichtes in – oft gleich lange – Teile streng zu organisieren: Das gilt für Lied, Gedicht und Rap. Und für nicht-pointierte Reden und Antworten.

Notizen zu unseren Gebrauchsreden und Antworten sind meist derart kastenartig: Fast alles ist eine Folge untereinandergeschriebener Punkte. So ist Aussprechen mit Pointierung unwahrscheinlich.

- BE GRÜSSUNG
- EINFÜHRUNG
- DANK
- NENNUNG MINISTER
- ANSPRACHE PERSONAL
- HERAUSFORDERUNGEN
- SCHLUSS

KONZEPT WIE EIN KASTEN

Wie das Papier gestaltet ist, so ist oft am Ende die Wirkung. Wer auf etwas sieht, das oben breiter ist und unten spitz, dem gelingt es leichter, zielgerichtet zu sprechen. Das Zielsatz-Prinzip sollte deshalb hinter den leitenden Stichwörtern sofort zu sehen sein. Die gute Schriftgrafik symbolisiert einen Trichter.

SCHÖN: SIE DA
WEISS: WAR NICHT EINFACH
VIELE WIDERSTÄNDE
JETZT ÜBERZEUGT
FREUT UNS
KÖNNEN ANFANGEN

KONKRETE STICHWÖRTER

Wer so etwas sieht, hat konkrete Vorschläge und kann leichter zielgerichtet sprechen. Die Notizen sollten deshalb wie Trichter aussehen, die Wörter »abgetreppt«.[69] Dazu setzt man etwa so viel wie in diesem Beispiel in jeweils einen Trichter:

So weit   Zahlen   – Daten hin oder her,
 für uns zählt:
  – mehr wollen
   – und: nehmen   Kunden an?
    Will   zeigen
     was   in einem Jahr
      Dann entscheiden
       wie weiter?

SINNSCHRITTE ABTREPPEN
└─ D.H. DURCH EINRÜCKEN IN DER ZEILE

TEXT
└─ AUF WICHTIGSTE GEDANKENKERNE REDUZIEREN

DAZU
• NOMEN
• VERBEN UND
• OPERATOREN
    NOTIEREN: ALLERDINGS, DENNOCH, IM GEGENSATZ DAZU, ABER.

OPERATOREN: ? WICHTIG
└─ ZEIGEN HÖRER
   └─ IN WELCHE RICHTUNG GESCHICHTE WEITERGEHT

STWZ VERSCHIEDEN
   └─ AUSFÜHRLICH
      └─ D.H. MEHR ODER WENIGER TEXT

STWZ PERSÖNLICH
   └─ EIGENE KÜRZEL
      └─ EIGENE WÖRTER

STWZ FLEXIBEL
  └─ ZWINGT ZUR AUSEINANDERSETZUNG
        └─ MIT DER TEXTSTRUKTUR

   DARÜBER
   └─ SICHERHEIT BEIM SPRECHEN
      └─ OFFEN FÜR SITUATION

STICHWÖRTER:
SATZPLANUNG POINTIEREN

Das gilt nicht nur für Reden. Selbst wenn Sprachmaterial nicht für den Vortrag gedacht ist und nur für das stille Lesen, ist diese Abtreppung der Inhalte hilfreich. Für das Sprechen sowieso[70] – und für das Schreiben. Es gibt dafür sogar eine App.

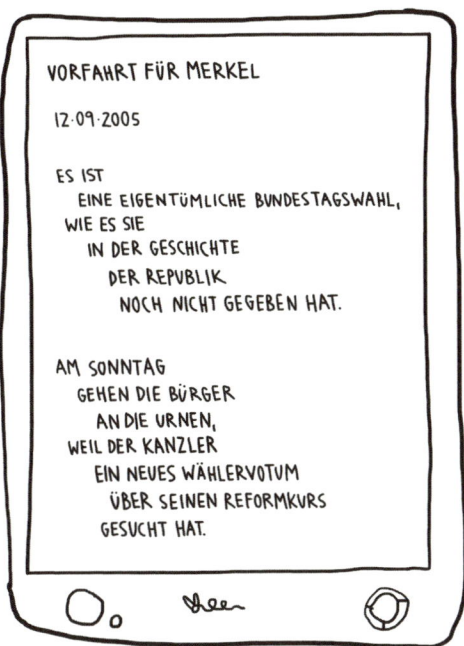

VORFAHRT FÜR MERKEL

12.09.2005

ES IST
    EINE EIGENTÜMLICHE BUNDESTAGSWAHL,
WIE ES SIE
    IN DER GESCHICHTE
      DER REPUBLIK
        NOCH NICHT GEGEBEN HAT.

AM SONNTAG
    GEHEN DIE BÜRGER
      AN DIE URNEN,
    WEIL DER KANZLER
      EIN NEUES WÄHLERVOTUM
        ÜBER SEINEN REFORMKURS
      GESUCHT HAT.

ABGETREPPTE STICHWORTMETHODE
AUS DER FRÜHZEIT DER APPS

Stichwortregeln

- Grafisch oben breit, unten spitz.
  Nur Stichwörter, gelegentlich ganze Wendungen.
- Verben in das Konzept.
- Nicht mit den Satzkernen aufzuschreiben beginnen.
- Gelenkwörter sind wichtig: »aber«, »trotzdem«, »allerdings«.
- Definitionen, Zitate und juristisch Relevantes ausnahmsweise ausformulieren.
- Die Wörter entzerrt, um sie leicht lesen zu können.
- Feste Karteikarte.

- Kleines Format (zwischen DIN A5 und A6).
- Wörter nicht immer in der endgültigen Abfolge.
- Grafisch die Redeabschnitte verdeutlichen.

6.3.2 Stichwort-Trichter handschriftlich

Weil Sprechen eine lebendige Aktion ist, sollte auch die Vorbereitung so sein. Handschriftlich vermittelt selbst im Moment des Sprechens mehr Flexibilität; sie scheint zudem authentischer als Gedrucktes.[71] Ein Plus des Trichters ist seine eingängige Form, und die ist handschriftlich leicht herzustellen. Einen Trichter zeichnen und später Wörter darauf, oder umgekehrt. Zudem können Striche, Kreise und Symbole hinzukommen, nur nicht zu viele; die Trichter sollten erkennbar sein.

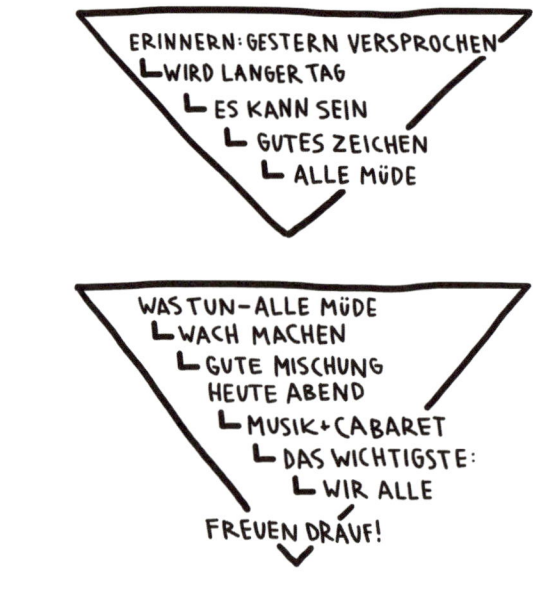

HANDSCHRIFTLICHE TRICHTER

Solche Grafiken geben die Dramaturgie vor, lassen Timing zu – und lassen dennoch Raum für frei formulierte Sätze. Nur ein solches Konzept kann beides unterstützen: vorbereitete Redeplanung einerseits und freie Satzplanung andererseits. Freie Satzplanung heißt: keine feste Form. Egal ob dann – nach diesem Beispiel formuliert – der erste Satz heißt: »So weit nun die neuesten Zahlen. Uns muss es aber darauf ankommen, mehr zu wollen.« Oder: »Zahlen hin oder her. Wir wollen ja mehr.« Oder: »Zahlen sind das eine, Sie wollen von uns wissen, was wir außerdem vorhaben.« Ein solches Konzept füllen verschiedene Personen im je eigenen Stil und je nach Situation.

6.3.3 Stichwort-Trichter im Textprogramm

Freiheit bieten müssen auch Trichter in Dateien. Textprogramme bieten größere Lesbarkeit – und Skalierung: Man kann sie beliebig modifizieren und wiederverwenden. Zudem ist wiederkehrende Markierung möglich: Es ist hilfreich, Themen über den Trichtern zu unterstreichen, auch, um sie leichter wiederverwenden zu können. Die Zielsätze sollten fett sein.

6.3.4 Texte skelettieren

Manche Stichwortkonzepte sind wortlastig. Wird Rede zunächst als Volltext geschrieben, 100 Prozent Wörter, verleitet das zu schriftdeutscher Formulierung. Dann sollten sie eher in Stichwörter verwandelt werden. Am besten ist es, werden am Ende »Skelette« daraus – indem Wörter aus der Datei gelöscht werden, sodass nur noch Trichter aus wenigen Stichwörtern übrig bleiben.

- So weit
  neueste Zahlen

- Daten hin oder her,
  für uns zählt:
    mehr wollen
- und:
  nehmen   Kunden an?

- will   zeigen
    was   in einem Jahr
                    geschehen
- dann entscheiden
    zusammen,
        wie weiter?

<u>100 Prozent</u>
Meine sehr verehrten Damen und Herren!
  Herzlich willkommen in unserer Berliner Dependance
    Schön zu sehen,
        wer alles zu dieser Preisverleihung kommen konnte!

Aber der Wichtigste zuerst!
  Besonders herzlich heiße ich Sie willkommen!
    Sehr verehrter Herr Professor,
        <u>als diesjährigen Träger</u>
            <u>des Preises.</u>

$$\boxed{\text{SKELETTE}}$$

<u>70 Prozent skelettiert:</u>
verehrten Damen/Herren
  Willkommen   Berliner Dependance
    Schön
        wer   zu Preisverleihung

Wichtigste zuerst!
  Besonders   Sie!
    Verehrter Prof.
        <u>diesjährigen Preisträger</u>

7

Anwendungen des Trichters

7.1 Antworten in Trichtern

»Rede und Antwort stehen«, sagen wir. In der Antwort ist es in der Regel einer, in der Rede eine Vielzahl von Trichtern. Beginnen wir mit den Antworten. Eine gute Antwort ist ein in Stichwörtern geplanter Trichter. Aber zuerst zur Frage. Professionelle Frager lernen, in Trichtern zu fragen.

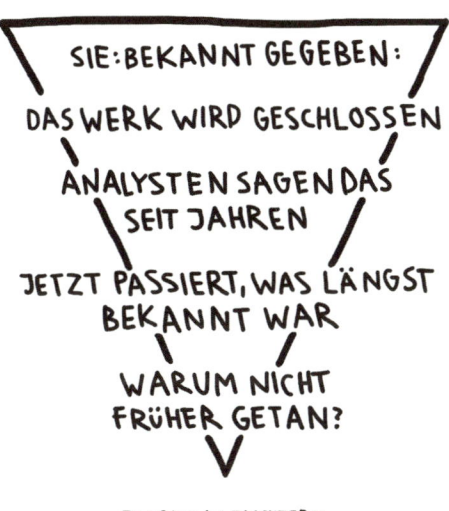

FRAGEN IN TRICHTERN

7.1.1 Pyramidenantworten – Trichterantworten

»Answer first« ist eines von zwei Prinzipien. Dahinter scheint wieder die Pyramide hervor, mit dem Kern zu Beginn. Answer first wird empfohlen,

- wenn die Zuhörer die Situation schnell verstehen,
- wenn Zustimmung wahrscheinlich ist,
- wenn Zustimmung nicht nötig ist und nur informiert wird,
- wenn Zeitdruck und Ungeduld herrscht – wie etwa im Elevator Pitch.

Kurz; wenn informieren das Ziel ist.

Ein erstes Problem: Wer gefragt wird, ist einem Impuls erlegen, das ist der authentische Reflex.[72] Antwortende gehen von sich selbst aus und wollen sofort den Kern aussprechen. Das ist oft für die Wirkung fatal: Wir legen sofort mit Thesen los, die wir erst danach begründen können. Answer first, so gehen wir auch vor, wenn wir den »Inhalt« vor die Beziehung stellen.

»Answer last« dagegen steht hinter dem Trichter. Dieses Prinzip ist sinnvoll,

- wenn wenig vorauszusetzen ist,
- wenn abgeholt werden sollte,
- wenn die Ziele kontrovers sind,
- wenn Pointierung hilfreich wäre.

Ein zweites Problem sind Antworten als kleine vorformulierte Texte. Aber kaum eine Antwort ist gut vorbereitet, wenn für sie Text vorbereitet wird. Und doch geschieht es täglich, mit den oft unsäglichen »Q&A«, Textteile voller Inhalt, der sich in der realen Antwort kaum vermitteln lässt, zudem oft gespickt mit merkwürdig unmündlichen Formulierungen. Statt freier Satzplanung bleibt nur vorlesen oder auswendig lernen. Auch die Redeplanung ist oft ungeeignet, schließlich sind die »A« in der Redeplanung oft Pyramiden. Die herkömmlichen Q&A sind deshalb selten eine brauchbare Unterstützung der Äußerung.[73]

Die eigene Wahrheit zuerst, ohne jeden Zugang: Wirklich gefährlich wird die Pyramidenantwort, wenn Menschen auf einer Bühne stehen, vielleicht gerade etwas präsentiert haben und etwas gefragt werden. Ich bereite Betriebsversammlungen und Pressekonferenzen vor und sehe Videos von solchen, die eher schiefgingen. Wie oft kommt es vor, dass in einer kritischen Antwort schon der erste Satz zurück-weist: »Ich weiß nicht, woher Sie das haben.« »Sie können das nicht wissen, Sie waren ja in unseren Strategieprozess nicht involviert.« »Ich möchte das gleich richtigstellen.« »Lassen Sie mich kurz sagen, wie es wirklich ist.« Statt einer Botschaft im Trichter kommt eine Nachricht als Pyramide.

ANTWORTEN IN PYRAMIDEN:
BELEHREN UND BRÜSKIEREN

Jeder Fragende und jeder, der öffentlich zusieht, goutiert die drei Bausteine des Trichters: Zugang, Flughöhe und Pointierung. Für die überzeugende Antwort ist vor allem der Anschluss an die Frage er-folgskritisch. Aber woran soll der Beginn der Antwort anschließen? Hier gibt es zwei Möglichkeiten, deren erste in Medien- und Web-Statements vorkommt.

a) Anschluss an ein Publikum, das nicht anwesend ist. Hier kom-men eventuelle Fragen nicht vor: Nicht selten gilt es, Einzelhei-ten der Frage zu ignorieren. Der Anschluss sollte vielmehr an Vorwissen oder Wünschen oder Sorgen des Publikums erfol-gen. Die Antwort muss also eher mit dem Publikum »gemein« machen als mit einem Fragenden.

b) Anschluss an einen Frager, der real anwesend ist. Das braucht das Eingehen auf die Frage. Ist die Frage unkritisch, wird die

Antwort kurz sein und der Zielsatz rasch kommen. Kritische Fragen, die Regel in der professionellen Auftrittsvorbereitung, verlangen ein anderes Vorgehen. Hier liegt der Zielsatz oft auf einem anderen Aspekt, auf den erst hingeführt werden muss. »Deshalb kommt es eher auf das Gegenteil an: ...« Bevor der eigene andere Aspekt angesprochen wird, braucht es Sätze, die weit beginnen und zu Fragen Brücken bauen: »Das haben wir zuerst auch gedacht.« – »Sieht im ersten Moment so aus.« – »Man muss das ja annehmen, nach allem.« – »Viele machen sich diese Sorgen.«

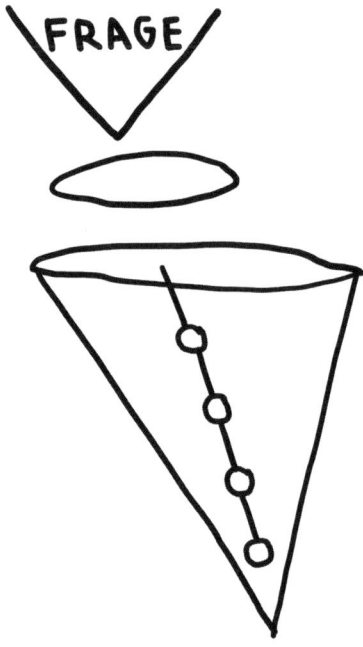

ANTWORTEN IM TRICHTER:
WERTSCHÄTZEN UND HINFÜHREN

Ob sie auf eine Frage eingehen oder nicht, entscheidet darüber, ob die Antworten »gebundene« und »freie« Module sind.[74]
- gebunden: an Fragen gekoppelte Statements
- frei: eigene ungefragte Statements

Letztlich sind beide Arten gebunden: an Themen. Die Unterschiede zwischen »Was fragen die uns?« und »Was wollen wir sagen?« lösen sich schnell auf. Freie Module können unbegrenzt breit beginnen, gebundene nutzen die Anknüpfung an die Frage. Der Kern sollte derselbe sein.

Zu welcher Frage passt welche Bauform der Antwort: Kasten, Pyramide oder Trichter? Viele Fragen sind gar keine; es sind Scheinfragen, Vorwürfe als Fragen getarnt, Forderungen oder Vorwürfe aller Art. Hier braucht es oft keinen Anschluss an die Frage. Bei geschlossenen Fragen sind Pyramiden sinnvoll; sie fragen klassische Statements ab. Auch dann ist die Trichterform sinnvoll. Aber »Answer last« im Trichter bietet auch dann Überzeugungschancen, wenn erkennbar nur ein Fakt abgefragt wird. Dieser Antworttrichter hat folgendes Muster:

1. Anknüpfung
2. Das Eigene
3. Zielsatz

7.1.2 Experten beantworten Fragen, Executives sprechen zu Themen

Das Paradoxe an professioneller Fragetechnik ist, dass sie nicht von Fragen ausgehen darf. Das gilt für Vorbereitungen aller Antworten, auf Podium, PK, Medienauftritten, auf Betriebsversammlungen, Führungskräftekonferenzen, Analystensettings und Road Shows aller Art und allen professionellen Gesprächen. Aus meiner Beschäftigung mit Antworten entstand eine zentrale Einsicht: Es ist sinnlos, sich auf konkrete Fragen vorbereiten zu wollen. Leider. Es gibt einfach zu viele mögliche.

»Die *FAZ* schrieb ja, sie wollten vieles anders machen, jetzt hörten wir, da bleibt fast alles, wie es ist. Wie erklären Sie das den Mitarbeitern?«

Oder:

»Können Sie sagen, warum die Veränderungen bei Ihnen nicht vorankommen? Es wurde ja im letzten Jahr ganz viel versprochen, zum Beispiel der Neubau, da ist ja einiges, ja, wenn ich da nur an den Neubau denke.«

Oder:

»Es gibt ja Klagen, dass Sie in der Geschäftsführung nicht gut steuern, vor allem, wenn man da an einiges – eh – denkt, da hört man ja einiges, also, von dem, was Sie da angefangen haben. Könnten Sie dazu etwas sagen?«

Schon solche »Q«, die vorbereiteten Fragen, sind oft zu komplex. Zudem werden sie fast nie genau so gefragt; es kommen andere als die vorbereiteten – oder auch andere als vorab etwa von Moderatoren geliefert. Hinter vielen Fragen stehen wenige Themen. Die beiden Fragen in diesem Beispiel hatten nur ein und dasselbe Thema: »Veränderungstempo«.

Professionelle Antwortvorbereitung vereinfacht deshalb in Themenclustern – um auf generische Themen vorbereitet zu sein, die fast gleich sind, wie konkret auch immer gefragt wird. Die Themen sind generisch – die Fragen konkret.

(generisch)	(konkret)	(konkret)
Thema	**Frage**	**Antwort**
Marktstellung	Im vergangenen Jahr sind ja Ihre Marktanteile zurückgegangen. Was tun Sie dagegen, und wie wollen Sie wieder aufholen? Der *Spiegel* schrieb von 13 Prozent.	Wir hatten im vergangenen Jahr Prozesse geändert und uns nach Segmenten aufgestellt. Das hat uns Marktanteile gekostet. Was wir jetzt tun: ...
	...	...
	...	...

Es gibt zu jedem Thema unzählige Varianten, unzählige Fragen, auf die sich niemand wirklich vorbereiten kann. Es gibt dagegen erheblich weniger Themen als Fragen; pro Event sind es oft nur vier oder fünf. Die methodische Konsequenz daraus erleichtert die Vorbereitung: Es geht nicht um Fragen. Das bedeutet, so missverständlich das klingt: Es gilt, sich statt auf konkrete Fragen auf generische Themen vorzubereiten.

Wer zu einem Thema spricht, eine Ansage macht, entwickelt signifikant mehr Wirkung. Dahinter ist ein gewaltiger Unterschied zu sehen: Experten bieten Erklärungen und Executives Überzeugungsreden als Antwort. Experten beantworten Fragen – Executives sprechen zu Themen.[75]

7.1.3 Russian Doll

Auf Podien und in anderen Diskussion sollte eine zentrale Aussage immer weiter vertieft werden. Hierzu lassen sich mehrere Antworttrichter auf einen Punkt hin anordnen, immer enger werdend, nach dem Prinzip Pointierung. Das Modell für diese Methode ist eine »Russian Doll«, das ist die Matrjoschka, die russische bemalte Puppe, die im Inneren eine immer kleinere Puppe birgt. Eine solche Taktik schafft aus einer Aussage immer neue. Wie die Matrjoschka-Puppe unter ihrem Rock immer weitere hervorbringt, pointiert jede weitere Antwort näher als die vorhergehende. Wenn das Thema dasselbe ist, zahlt jede Antwort abermals auf den Kern am Ende ein, ähnliche Antworten, die immer weiter pointieren auf denselben Punkt. Wie die russische Puppe.

MATRJOSCHKA

RUSSIAN DOLL:
DIE NÄCHSTE AUSSAGE POINTIERTER ALS DIE VORHERIGE

7.2 Reden und Präsentationen in Trichtern

7.2.1 Rede als Pyramide – Module als Trichter

Wir hatten bei den Antworten gesehen, dass sie besser nach Themen als nach Fragen vorbereitet werden: ein Thema – ein Antwortmodul. Nach Themen können auch Reden organisiert sein – die effizienteste Redevorbereitung. Die Dramaturgie besteht zunächst aus solchen generischen Begriffen.

- Story Kunden-Meeting
- Bezug Sommertreffen
- Lob
- Dank
- Gerüchte
- Markt
- Veränderung
- Drohung
- Zwei Wege
- Entscheidung für den schnelleren
- Kompromiss
- Weitere Diskussion vorschlagen
- Zielbild in zwei Jahren
- Versprechen
- Appell

Unter einer Rededramaturgie aus generischen, für viele Inhalte geltenden Themen hängen Trichtermodule, und die sind dann konkret.
Hier wird oft etwas verwechselt. Selbstredend ist die Pyramide die richtige Bauform, wenn es um Neuigkeiten und Fakten geht. Ganze Reden sind Makroorganisationen. Jede Makroorganisation – auch dieses Buch – kann pyramidal aufgebaut sein. Das wieder bedeutet, dass die ganze Rede als Pyramide komponiert sein kann – soweit sie der Information dient. Aber die Module sollten meist nach dem Zielsatz-Prinzip gesprochen werden.

GESAMTREDE : PYRAMIDE
MODULE : TRICHTER

Wirksame Reden bestehen also nicht aus Textabschnitten wie Schrifttexte. Die Einheiten wirkungsvoller mündlicher Sprache sind Module.

Der Aufbau der Module kann ganz verschieden sein: Nicht jedes Redemodul muss ein Trichter sein: Trichterfolgen können von Pyramiden unterbrochen werden, in Passagen, in denen es nur zu informieren gilt – oder von Kästen, wenn es Aufzählungen gibt. Beim Überzeugen, an den entscheidenden Stellen, die auf den Punkt führen, sollte es deshalb aber immer ein Trichter sein. Die gute Rede ist eine Abfolge von Trichtern.

Beim Reinkommen … gesehen. Sind ja Wege   [Trichter]
   darauf   uns öffnen
      hin zu Menschen,   unser Geschäft bestimmen
      Denn Unternehmen sind viele:
         • unsere Kunden
         • Sie, Kolleginnen und Kollegen,
         • Aktionäre, Geldgeber
            Menschen,   für uns da,
               WENN Beziehungen pflegen!
               DAS unser Thema,

Aber geht   um Sie!   [Trichter]
  Was wollen?   Was denken,   was fühlen?
     Wie können gemeinsam besser?
        Darüber: jetzt reden   circa 25 Min,
           dann   Ihnen ins Gespräch.
           Freu mich drauf,
               also: Guten Morgen!

                    3 Punkte: [Pyramide]
                Jahr Revue passieren
             Sehen, was besser machen
          Mittel definieren,   wie schaffen.
      Wissen ja,   einiges schiefgelaufen
      Reden drüber,   u. a. Vertriebsergebnisse
      Warum so mager   und so weiter.   Vieles mehr

Sicher auch beeindruckt,   (Trichter)
  wie   alle   anpacken, loslegen,
    sagen: ja,
      echte Unternehmer!
        Das uns immer gewünscht,
          dass   vorwärts gehen
            nach Jahren,
              wo wenig Luft nach oben
                Also, jetzt Kraft sammeln.
                  Wie machen:
                    Nachher drüber reden
                    Vorher 4 Punkte:
                    Auf geht's!

7.2.2 Wirkung durch Zerkleinerung

Wie lang sind Redetrichter? Der Schreibguru Wolf Schneider gab eine Parole aus: 250 bis 550 Zeichen. Allerdings für einen Leseabsatz. Ein solches verbindliches Maß gibt es für Redetrichter nicht. Es gibt aber offenbar Obergrenzen, denn unser Kurzzeitgedächtnis kann offenbar nur einfache Strukturen bewältigen. Hinzu kommt, dass wir nicht zurück hören können, was eben gesprochen wurde. Angeblich sollen sieben Sätze eine ideale Einheit bilden; die Sieben klingt gut, ich kenne allerdings keinen Beleg. Nach meiner Erfahrung sind es weniger Schritte, die ein Modul ergeben, eher drei bis acht. Ein gutes Maß ist entscheidend:

- Zu lange Trichtermodule erschweren Zuspitzung; sie werden amorph.
- Zu kurze Trichtermodule unterstützen Monotonie und erschweren Stringenz.

Die Erfahrung zeigt: Je kleiner die Module sind, desto wirkungsvoller sind sie. Ein wesentliches Mittel rhetorischer Wirkung heißt: Zerkleinerung.

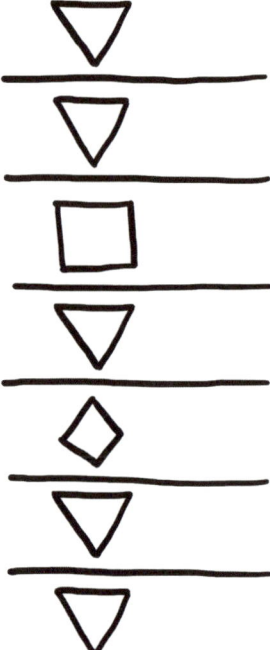

WIRKUNG DURCH TRENNUNG

7.2.3 Initials und Finals

Was wären ein guter Anfang und ein gutes Ende, nicht nur für ein Trichtermodul, sondern für eine ganze Rede? Meist werden dafür als Beispiel politische Reden angeführt. Oder es werden einzelne Auftritte von Spitzenmanagern prämiiert. Der jährlich verliehene Preis »Bester Manager-Auftritt«[76] etwa hat Anfang und Ende als besondere Kriterien.

1. Rede-Initials:
Das Zielsatz-Prinzip gilt auch für ganze Reden: Für Anfänge gilt auch das, das für die einzelnen kleinen Module gilt: eher breit beginnen. Mit 1. Access/Zugang – 2. Altitude/Flughöhe.
Access/Zugang: etwa Grundbedürfnisse ansprechen: Harmonie, Liebe, Zugehörigkeit, Triebe, Veränderung – oder eben die Hoffnung darauf.

»Als Sie vorhin hereinkamen, fiel Ihnen vielleicht auf ...«
Altitude/Flughöhe: Etwa eine große Vision, eine neue Idee, eine öffnende Frage. Jedes »Warum« sorgt hier für Spannung; deshalb werden »Warum«-Fragen den »Wie«-Fragen vorgezogen. Sie haben mehr Flughöhe.

»Die ganze Welt ist mittlerweile digital und vernetzt. Warum sind die Prozesse in unserem Unternehmen eigentlich noch immer analog und linear?«

Weitere Anfangsmöglichkeiten

- Story
- Abgewandelter Gemeinplatz
- Ort
- Zeit
- Wetter
- Starker Titel
- Titel abwandeln/ablehnen
- Gemeinsam Erlebtes
- Gleichnis
- Artefakt/Gegenstand zeigen
- Ein starkes Bild in PowerPoint
- Video
- Flipchart
- Provokation
- Anwesende Personen nennen
- Wertschätzung für Anwesende
- Aktuelles
- Motto
- Spaß/Freude
- Vergleich
- Vorklapp: Auszug aus dem Mittelteil
- Sketch
- Gespielte Handlung

Als Beispiel eine durchschnittliche Situation im Business, deren rhetorische Umsetzung durchaus nicht durchschnittlich geraten ist – weil sie nach dem Zielsatz-Prinzip pointiert ist:

Eins klar: Nur starke Teams werden morgen Erfolg haben
  Also; reden mal das Wichtigste –
    Unsere Leute:
      Ihr; (alle Teams aufzählen)

Wer was schaffen will, braucht starke Hebel
  Bei uns: fünf – damit setzen wir an.
    Gehe sie durch:
      Mitarbeiter – Reichweite – Datenintelligenz –
        Op. Exzellenz – Partnerschaften.
          Dazu jetzt mehr.

Als letztes Beispiel eine kleine Gebrauchsrede: Ein Berater spricht zu seinen Klienten. Der Pitch, der oft nicht wirkungsvoll geplant wird, was heißt, nur per Charts, weil Berater Klienten vornehmlich informieren wollen. Zum Pyramiden-Chart entsteht so meist eine Pyramidenrede. Als Gegenmodell dieses Üblichen habe ich hier drei Module entwickelt, nach dem Zielsatz-Prinzip aufgebaute Eröffnungsworte:

1 Herr X, Frau Y, wir kennen uns lange
  Ihre E-Mail vom Freitag zeigt:
    Da schreiben Sie …
      Genau dazu wir einen Plan gemacht.
        Freu mich, mit meinen Leuten vorstellen

2 Erzähl Ihnen Geschichte vorletzten Monat
  Andere Industrie – selbes Problem
    Wir hinterher gesagt: Genau DAS für Sie auch!
      Am Ende …
        super.

3 Im Ernst: Sie haben eines der dicksten Bretter hingelegt,
   die es in Ihrer Industrie gibt
     Wenn Sie so was schaffen wollen,
       brauchen Sie – erfahrenes Team
        Neben mir sehen Sie
         (Team vorstellen)
          <u>Das Beste – Sie kriegen können.</u>

4 Damit wir Sie nicht überfallen
   Hätten Sie paar Sätze für uns:
     Danach: unseren Vorschlag zeigen

(Die Klienten sagen etwas, dann der letzte Trichter ☺)

5 Hatte gesagt; dickes Brett. Warum?
   SIE sagten Wollen Lösung, lange hält!
     Was ist eine Lösung, lange hält?
       <u>Dafür nur eine Methode</u>
         <u>Stellt jetzt mein Kollege XY vor.</u>

<u>2. Zielsätze ganzer Reden:</u>
Redeschlüsse sind Hyper-Punchlines, Überziel-Sätze, auf die läuft alles hinaus. Die »famous last words«, der »clean exit« ist das Höchste. Gute Redenschreiber beginnen deshalb mit dem Schluss, hier finden wir wieder die Methode: Plane vom Ende her! Je ritualisierter die Kommunikation, desto wichtiger wird der Schlusssatz. In religiösen Events etwa sind die Schlusssätze meist standardisiert. »Gehet hin in Frieden« ist ein hoch kommunikativer Zielsatz eines ganzen Events, weil die Angesprochenen mit einem Dank quittieren.
Wirkungsvoll ist es, das Redeende in eine größere Flughöhe zu bringen. Das tun die letzten Sätze des SAP-CEO in seiner Rede »Run Simple«, mit der er den Preis »Bester Manager-Auftritt«[77] gewann. »When a business runs simple, it's a beautiful thing – to be hold – almost as beautiful as life itself.«

Es kann die Wirkung unterstützen, Schlüsse anzukündigen:
- »Ein Satz zum Abschluss«, »Als letzten Punkt …«, »Zum guten Schluss …«
- »Mit folgendem Ergebnis schließe ich …«, »Mein Fazit lautet …«, »Zu guter Letzt …«, »Abschließend …«

Zusammenfassen, wiederholen, appellieren, Nutzenversprechen
»Die drei wichtigsten Punkte …«
- Wiederholen
  »Erinnern Sie sich an den Anfang: Genau darum geht es.«
- Appellieren
  »Lassen Sie uns anfangen – und zwar jetzt sofort.«
  »Wir müssen handeln. Und wir tun es – für Sie. Deshalb geben Sie uns Ihre Stimme.«
- Nutzen aufzeigen
  »Mit diesen Ideen können Sie jetzt Folgendes anfangen …«

Nicht nur der Beginn von Trichtern und Reden, auch der Schluss verlangt nach Flughöhe, nach höher Angesiedeltem, das Sprecher aus dem Maschinenraum heraushilft: »Bis hierher die Gegenwart, ab jetzt beginnt die Zukunft. Bitte sehr! Es ist Ihre! Machen Sie was draus!«

7.2.4 Chart gegen Rede

Es soll einen gegeben haben, der kämpfte gegen Windmühlen, in einer Story aus dem Jahr 1605: *Der sinnreiche Junker Don Quijote von der Mancha*. Der mitreisende Bauer Sancho Pansa, eine Art Vorläufer moderner Strategieberatung, weist seinen Herrn auf das Sinnlose des Kämpfens hin. Doch vergebens, Don Quijote, »der Ritter von der traurigen Gestalt« mit seinem Pferd Rosinante, kämpfte gegen etwas, das niemals besiegbar ist. Jeden Tag wird gegen Unbesiegbares gekämpft, das sind heute Charts. Tafeln sind nicht besiegbar, das hat mehrere Gründe:

1. Ihre Tendenz, selbsterklärend zu werden. Alle Wahrnehmungs-psychologie weiß es: Wenn das Chart stark ist, wird Rede tendenziell sinnlos. In einen Wirkungsmodus kommt man so nicht.[78] Slides zum Reden dürfen niemals das sein, was als Höhepunkt der Tafelkreationskunst gilt: Selbsterklärend. Weil es dann niemanden mehr braucht, der redet, außer Don Quijote.

2. Die der Überzeugungsfunktion entgegengesetzte Bauform. Die meisten Informations-Charts der Business-Welt sind Pyramiden; sie tragen oben die Überschrift vor sich her, darunter Beweise und Erläuterungen und manchmal Bildchen. Im Chart selbst kann das richtig sein, soweit es selbsterklärendes Papier-Handout ist. Pyramidale Charts werden aber genau dann zum Problem, wenn jemand dazu redet. Wenn Menschen zu Tafeln sprechen, kämpfen Pyramide und Trichter gegeneinander: Der pyramidale Aufbau konterkariert wirkungsvolle Rede – die im Idealfall in Trichtern komponiert ist.

Während die Rede herleitet, verkündet das Chart den Zielsatz schon in der Überschrift oder im Aufbau in der Executive Summary. Der »action title« nimmt das Ziel vorweg. Diametral entgegengesetzte Aufbauformen lassen beide gegeneinander kämpfen: Diesen ungleichen Kampf verliert jedes gesprochene Wort, wie Don Quijote. Sancho Pansa hatte recht.

CHART-PYRAMIDEN GEGEN REDETRICHTER

Wir müssen unterscheiden: die Chart-Folge einerseits und das einzelne Chart. Der Aufbau von Chart-Folgen folgt auf der ganzen Welt einem pyramidalen Ordnungsmuster, alle Beraterpapiere, Rapporte, Finanzberichte, die meisten Handouts und Pre-Reads – passend für Präsentationen, die »selbsterklärend«[79] sind und keine Sprecher brauchen. In der Dramaturgie solcher Chart-Folgen ist pyramidaler Aufbau sinnvoll, aber nur hier. Die Rede braucht trotzdem die Trichterabfolge.

3. Komprimierte Charts. Ein weiterer Grund, warum Handouts nicht zum Reden geeignet sind: Viele Charts komprimieren exzessiv, in ihrer Vorbereitung heißt es bezeichnend: »Muss noch rein.« Mit vollgestopften Tafeln kann man keine Flughöhe erreichen. Das Gegenteil, Entzerrung, gehört zu den zwölf Prinzipien wirkungsvoller Präsentation:[80] Alles in kleinen Teilen, nacheinander. Handout und Pre-Read können vollgestopft bleiben – und gern auch selbsterklärend – Rede-Charts dürfen das nicht.

4. Verschiedene Inhalte von Chart und Rede. Die Wahrnehmungspsychologie hat hier nur eine Antwort: Beide sollten konform sein. Ich war sieben Jahre beim Fernsehen; hier gilt die Text-Bild-Schere als Todsünde. Im Business ist aber genau die der Normalfall. Die Rettung scheint vielen die pure Verweigerung: »Ich rede doch nicht, was auf dem Chart steht!« Leider falsch. Etwas anderes als das Slide zu sagen – oft sogar das Gegenteil – macht das Gesamte unverständlich.

DIE TEXT-BILD-SCHERE

Einfache Einsichten – deren konsequenteste Umsetzung die »Takashi-Methode« ist.[81] Ein japanischer Programmierer hatte es in dieser Disziplin zur Meisterschaft gebracht: Auf den Charts steht vereinfacht, was er sagt, im selben Moment. Wirkungsvolle Präsentationen gehen so koordiniert vor.

5. Der grundsätzlich falsche Charakter der Charts. Es gibt zwei Arten von Slides: zum einen das Pre-Read oder Handout zum Lesen, mit Charts, die zu Recht selbsterklärend und vollständig sind. Und es gibt Charts, die Rede unterstützen. Am Ende bleibt eine Einsicht: Mit Charts, die zum Informieren gedacht sind, sind überzeugende Redetrichter unmöglich.

6. Schließlich der falsche Modus des Vortrags. Es gibt zwei Modi: Standard im Alltag ist, dass ein Slide gezeigt wird und jemand versucht, sich redend darin zurechtzufinden. Charts primär, Rede sekundär. Der zweite bessere Modus ist es, eine Story durch Visualisierung zu unterstützen. Das hat Konsequenzen für das Redekonzept. Schwerpunkt sind dann die Notizen für die Trichtermodule. Wenn es Slides gibt, sollte deren Titel darauf rechts in Textdatei oder Stichwortkonzept verzeichnet sein, etwa: »Chart 2: Umsatz«.

Entscheidend ist der richtige Modus: Jemand spricht zu Charts. Aber erst das Gegenteil unterstützt die Wirkung erheblich: Jemand hat eine Story, und gelegentlich zeigt sie oder er ein Bild dazu, lässt unterstützend die wichtigsten Wörter aufleuchten oder malt etwas, zündet eine Kerze an, zeigt etwas hoch. Das ist der Wirkungsmodus des TED Talks. Rede ist autonom und weist, wo angebracht, auf Charts hin. Das Chart wird deshalb besser später geschaltet, nach seiner Einführung: »Was wir da sahen, hat uns überrascht, vielleicht ja auch Sie.« Erst dann das Bild.

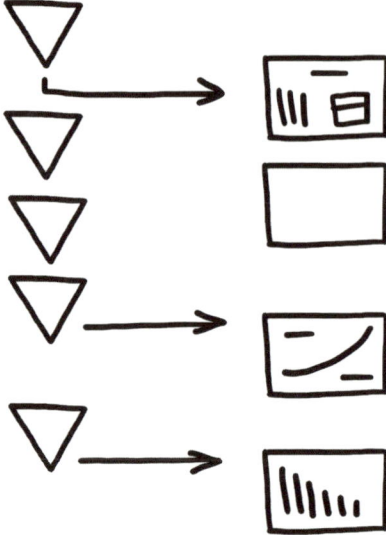

ZEITVERSETZT:
DER TRICHTER MODERIERT DAS CHART AN

7.3 Pyramidale Themenanordnung: TMS

7.3.1 Große Pyramiden: Themensettings

Fragen werden in Varianten immer wieder gestellt. Anhand der Antworttaktik war zu sehen, dass hinter den unendlich vielen Fragen einfache Themen stehen. Themen gibt es weit weniger als mögliche Fragen, fast immer ganz wenige. Themen und Zielsätze können so jederzeit parat sein – um nicht auf fremden Fragen und eigenen Antworten auszurutschen. Dazu fertige ich mit Klienten Themensettings an. Die Themen sollten pyramidal angeordnet sein, umgekehrt zum Prinzip Pointierung. Ich nenne sie »TMS«: Themen, Module, Soundbites.

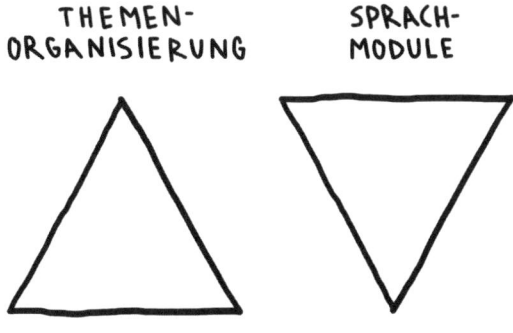

THEMEN-
ORGANISIERUNG

SPRACH-
MODULE

TMSI: THEMEN IN PYRAMIDE
SPRACH-MODULE IN TRICHTER

Was wiederverwendbar ist, wird qualitativ besser und billiger in der Herstellung. Das Prinzip dahinter heißt: skalierbar statt situativ.[82]

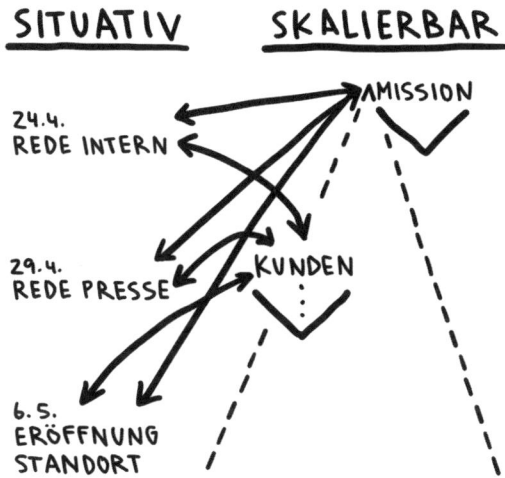

SITUATIV   SKALIERBAR

MISSION

24.4.
REDE INTERN

29.4.
REDE PRESSE

KUNDEN

6.5.
ERÖFFNUNG
STANDORT

THEMENVERWENDUNG UND OSZILLATION:
VIELE TRICHTER MEHRFACH VERWENDBAR

Die schlechte Nachricht: Je größer etwas wird, desto schwerer wird der Überblick. Das braucht einen organisierenden Punkt. Ordnungen, bei denen es nicht auf Vermittlung ankommt, weder auf Abholung noch auf Handlungsauslösung, sollten pyramidal sein; die

Spitze zuerst. Solche Themensettings oder Themenbäume beginnen oben mit einer Art Zentralmodul und werden nach unten breiter. So entsteht ein pyramidales Setting für alle Reden und Antworten: TMS: Themen, Module, Soundbites.

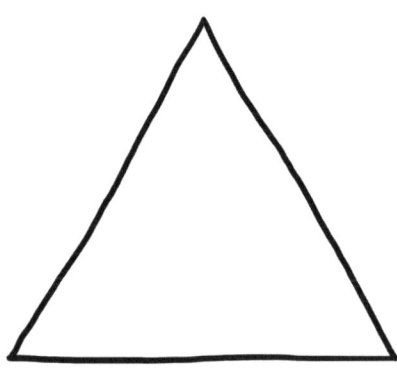

TMS I: THEMENSETTING PYRAMIDE

TMS II: THEMEN UND MODULE

Das Setting aus Themen beginnt – wie jede Pyramide – mit dem wichtigsten Thema. Etwa die Mission, darunter weitere, zweitwichtige, darunter gern etwas mehr, drittwichtige Themen. Dieses Themensetting ist skalierbar für alle Situationen und alle Reden und Antworten.

Es ist ein Arbeitspapier wie ein Baukasten, aus dem sich situativ Reden und Antworten für spätere Gelegenheiten generieren lassen. Methodischer Umgang mit dem TMS:[83]

- Finden der wichtigsten Themen
- Ordnen der Themen in einem Themenbaum
- Erstellen von Trichtermodulen
- Einpflegen erster Module: Sortieren unter Themen
- Module aus aktuellen Reden unter Themen setzen
- Rhetorisches Feilen; Zugang, Flughöhe, Pointierung
- Ausdifferenzieren in weitere Themen und Module
- Soundbites selektieren

So weit die skalierbaren Themensettings für alle Situationen. Pyramidale Inhaltsordnung ist auch eine Stufe kleiner hilfreich, in der Vorbereitung für konkrete Situationen.

7.3.2 Kleine Themenpyramiden: konkrete Situationen

Die Pyramide für Themenordnungen ist praktikabel nicht nur als großes Themensetting, auch vor einzelnen konkreten Auftritten: für Panel, Podium, Podcast-Antworten und viele mehr. Was ist zu tun, damit die Antwort nicht gänzlich der Frage ausgeliefert ist? Was ist die erste Antwort, was die zweite, was die danach? In der Eröffnungsantwort wird der Rahmen gesetzt, und später, siehe »Russian Doll«, zugespitzt (s. Grafik, S. 145).

Kleine Themenpyramiden haben Vorteile: Hier ist das erste wichtigste Statement enthalten – das auch zu Anfang gesagt sein sollte.

Ein Prinzip gilt hier: erst das zentrale Rede-(Antwort-)Modul, danach weitere. Man beginnt mit dem Wichtigsten.

Wer auf einem Podium ist, sieht sich der oft unerwarteten Initialfrage der Moderatoren ausgeliefert. Die erste Reaktion ist es, diesen Irritationen zu folgen. Dadurch gerät man aus der Spur. Es gilt wieder das Prinzip: zu Themen sprechen statt auf Fragen antworten. Den Anschluss an die Frage braucht man, mehr nicht. Den Frageinhalt gilt es aufzunehmen: »Ja, mag sein«, »Sicher, unbedingt«, »Sie sagen es, darum geht es auch« – und ein vorbereitetes Statement folgen zu lassen:

1. Anknüpfung an die Frage
2. Anknüpfung an Common Sense
3. Kern des Eigenen
4. Zielsatz

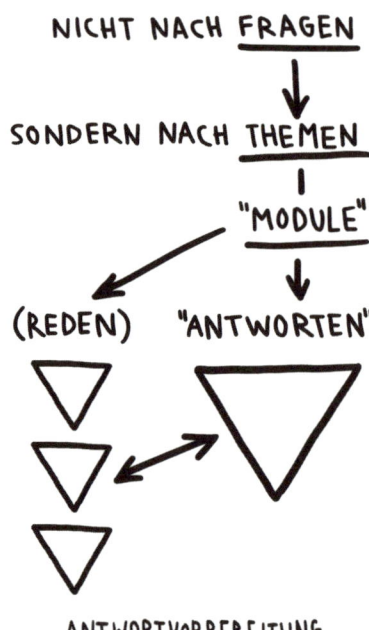

Solche Zentralisierungen in Themenpyramiden gehören etwa zum Handwerk der Wahlkampfberatung. Was auch immer gefragt wird, professionelle Kandidaten werden in Varianten dieses antworten, weil alle nur möglichen Fragen Derivate des einen zentralen Themas sind: Programm oder Dank oder Versprechen. Genau das ist die Antwort an der Spitze der kleinen Pyramide. Ein anonymisiertes Beispiel aus einem Oberbürgermeister-Wahlkampf.

Zentral-Statement I
Ich danke allen, die unsere Partei gewählt haben
  Fast zehn Jahre Arbeit
    Jetzt Früchte – den Bürgern zurückgeben.
      Egal, wie viel Prozente
        Ich werde jedes einzelne Prozent zurückgeben
          Das ist der Wert Ihrer Stimme
            Danke sehr

Zentral-Statement II
Ein Oberbürgermeister muss Schaden von seinen Bürgern abwehren
    In den vergangenen Jahren wurden Bürgerrechte verraten
      Manchmal auch verkauft!
        So darf Stadt nicht regiert werden
          Bürger haben das gemerkt
            Deshalb x Prozent der Stimmen
              Ich sage Danke
                und verspreche, was draus zu machen

Unter solchen Zentralmodulen an der Pyramidenspitze ordnen sich weitere an, in diesem Beispiel waren es 16 solcher Trichter – deren Themen pyramidal angeordnet waren.

Nur so wenige Stimmen …
Jeder Kandidat hier hätte sich mehr gewünscht – ich auch
  Aber: meine Partei Gewinnerin
    Darauf kommt es an
      Wir: in diesen fast zehn Jahren gekämpft
        Seit einigen Monaten haben es viele gemerkt
        Gerade noch rechtzeitig
          Jetzt beginnt die Arbeit

7.4 Themensettings für Strategie-Kommunikation

Trichter oder nicht, das unterscheidet zwei fundamental verschiedene kreative Prozesse. Die einen sind implizit auf Zielsätze hin gebaut: klassische Business-Pläne. Die zweite Gruppe kreativer Prozesse ist ergebnisoffen. Trichter können als eine Art Flussdiagramm der Entscheidung dienen. Solche Diagramme lassen sich als Denkanregung verwenden, und Dreiecke eignen sich besonders gut. Der abnehmende Keil (s. Grafik S. 147).[84]
Wer Trichter zeichnet, hat damit Hilfe zur Selbstverständigung; Strategien und deren Vermittlung gelingen so besser. Etwa durch die Teleskopmethode:[85] Ein horizontal angeordneter Trichter hilft, aus einer Anzahl von Optionen die beste zu wählen. Aus vielen Optionen kommt ein kleiner Teil am rechten Ende in die nächste Runde.

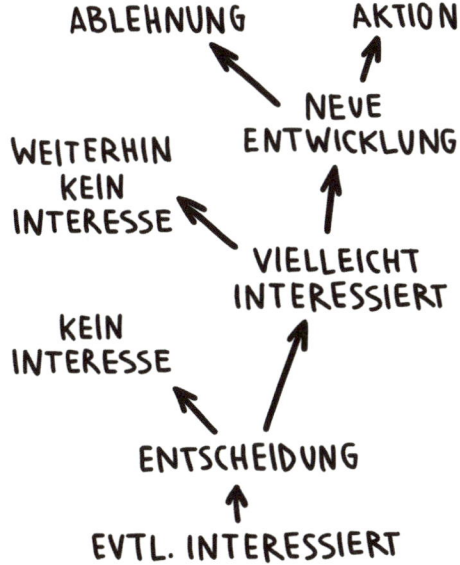

OPTIONSVERENGUNG:
TRICHTER ZUR STRATEGISCHEN VERSTÄNDIGUNG

7.5 Soundbites kreieren

Das Maß für Mündliches ist ein Spruch. Das Zielsatz-Prinzip hat den guten Spruch als seinen Höhepunkt – und nicht einen Text. Was ist ein Spruch? Ein mündlicher Satz. Aber was ist ein guter Spruch? Ein mündlicher Satz, der attraktiv ist – und wirkungsvoll pointiert. Beim Coach von Obama in Washington habe ich gesehen, dass dort rein gar nichts geht ohne Sprüche, ohne starke, wohlüberlegte Sätze: »What is the central soundbite of our client?«, fragen seine Leute. Was nicht in eine wirkungsvolle Formulierung passt, wird verworfen. Soundbites sind Sätze, die wiederholt werden und die eingängig sind. Es sind – wenn es gut kommt – professionelle Ohrwürmer. »Wer zu spät kommt, den bestraft das Leben« oder die »Heuschrecken«, das Wort eines deutschen Politikers, das alles sind Soundbites.

Das TMS ist noch nicht komplett ohne das »S« darin, Sätze, die etwas prägnant auf den Begriff bringen: leuchtend, zielgerichtet, medientauglich, leicht zu merken. Soundbites sind vor allem Sätze, die Einzigartigkeit mitbringen. Das tun sie durch Originalität, so, dass sie sich leicht verankern lassen. Sie müssen so sein, dass sie in Medien zitierbar sind; oft tauchen sie als Überschrift eines Presseartikels auf. Viele Soundbites sind öffentlich wiederkehrend; in besonderen Fällen gehen sie in allgemeines Bewusstsein ein, werden wiederholt, zitiert und manchmal abgewandelt. Solche »salienten Sätze«[86] ragen heraus aus ihrer Umgebung. Sie bleiben haften, wie Kennedys »Ich bin ein Berliner«. Sie enthalten ein Überraschungsmoment, einen Kontrast oder eine Provokation. Soundbites sind besonders pointierte Zielsätze.

»Ich stehe hier, ich kann nicht anders.« Das war der Soundbite von Martin Luther, kurz und knackig, attraktiv, grammatisch etwas schräg, deshalb ungewöhnlich und eben deshalb merkbar. Allerdings auch später pointiert; die Originale sind oft nicht auf Wirkung angelegt. Im Original hieß Luthers Satz: »So lange mein Gewissen durch die Worte Gottes gefangen ist, kann und will ich nichts widerrufen, weil es unsicher ist und die Seligkeit bedroht, etwas gegen das Gewissen zu tun. Gott helfe mir, Amen.« Seine späteren Spin-Doktoren hatten ihn aufgepeppt.

Dieselbe Methode wurde viel später angewendet: *»Wer zu spät kommt, den bestraft das Leben.«* Das ist ein solcher salienter Satz, ein Soundbite im Geschichtsbuch. Michail Gorbatschow, der letzte Generalsekretär des Zentralkomitees der Kommunistischen Partei der Sowjetunion, am Rande der Feierlichkeiten zum 40. Jahrestag der DDR-Staatsgründung am 6. und 7. Oktober 1989 in Ostberlin.

»Diesen Satz hat Gorbatschow so nicht gesagt«.

Das sagt ein damaliger Reporter der dpa. Wie geht das?

Es gibt kein Tondokument. Bei der Kranzniederlegung für NS-Opfer ging Gorbatschow auf die westdeutschen Kamerateams zu: »Ich glaube, Gefahren lauern nur auf jene, die nicht auf das Leben reagieren.« Das war etwas kompliziert, zudem später übersetzt – keiner der Angesprochenen verstand Russisch. Ein zweites Mal gab er diesen Rat vor dem SED-Politbüro: »Wenn wir zurückbleiben, bestraft uns das Leben sofort.« Schon präziser, aber noch kein Soundbite.

Und ein drittes Mal gab es, jetzt medial. In seinen Memoiren schrieb Gorbatschow, das Zitat sei zusätzlich in einem Vier-Augen-Gespräch mit Honecker gefallen. »Das Leben verlangt mutige Entscheidungen. Wer zu spät kommt, den bestraft das Leben.« Aber auch das ist eine Übersetzung, und niemand weiß, was er wirklich sagte. Aber der zweite Satz hatte das Zeug zu durchschlagender Wirkung. Das alles spricht zudem für Wiederholung,[87] Gorbatschow wollte – ganz professionell, allen dasselbe sagen.

Man kann daran gut die Genese von Soundbites ablesen. Zum ersten Mal erscheinen die acht Wörter öffentlich, am 7. Oktober gegen 18.30 Uhr, kurz nach dem Vier-Augen-Gespräch von dpa und Associated Press. Wie kommt der Vier-Augen-Satz in die Nachrichtenagenturen? Irgendwann kam der Sprecher von Gorbatschow heraus und gab ein Statement seines Chefs ab. Wenige Tage später musste auf dem Tonband Platz für neue Interviews sein, es wurde immerhin auf Notizblöcken mitgeschrieben. Zwei dpa-Reporter haben eine Fusion ihrer Notizen mit ihrer Formulierungskunst versehen; das Original sei »verschachtelt« gewesen. Qualität setzt sich durch: Sein Sprecher habe seinen Gedanken »zu Ende gedacht«, schreibt Gorbatschow, und entschied sich für den von journalistischen Spin-Doktoren frisierten salienten Satz. Ein Soundbite.

Manche Soundbites kommen unabsichtlich, und manche zerstören Reputation, etwa die »Peanuts« eines Vorstandssprechers einer Bank am 21. April 1994. Der hatte die Sensibilität eines Publikums unterschätzt, das damals jede Mark herumdrehte. Im Hintergrund lief bereits eine Diskussion über Gerechtigkeit, die das Unternehmen zu Recht nicht beeinflussen konnte. Die Folgen der entsprechenden Affäre – ein Bauträger war pleitegegangen – waren fatal, bis heute: Es begann mit einem Missverständnis: Keineswegs waren mit den Peanuts die Verluste der Bank gemeint, sondern gemeint war, dass es für die Bank kein Problem sei, die Verluste der Handwerksbetriebe auszugleichen. Die Nachrichten brachten zunächst genau diese gute Nachricht; die Bank wird als Kulanz die Handwerkerrechnungen zahlen. Danach erst warfen sich die Redaktionen auf das herausragende Wort Peanuts. Was der Öffentlichkeit nicht mitgeteilt wurde: Der Vorstandssprecher hatte schließlich gemerkt, dass der Begriff seiner Aussage nicht dienlich war. Exakt elf Minuten später hatte er in derselben Pressekonferenz seine Äußerung erklärt, bei der er den Vergleich zum Gesamtschaden im Kopf gehabt hatte:

»Lassen Sie mich noch etwas aufgreifen, was ich vorhin sagte. Natürlich bezahlen wir die Handwerkerrechnungen, das wären Peanuts. Nicht, dass das falsch ankommt: Aber gemessen an 1,2 Milliarden Mark und an unserem Wunsch, das fertigzustellen, ist das nicht das gravierende Element für uns, sondern das ganz Natürliche, das wir machen.«

»To eat one's words«, Worte, die man wieder hinunterschlucken möchte. Wir wissen, dass es nichts genützt hat, wahrscheinlich sogar hat es die Wirkung verstärkt. Die Freiheit des Fauxpas gibt es in den Medien ebenso wenig wie das Ideal der Redefreiheit, und heute in einem Web, das nichts vergisst, erst recht nicht.

Soundbites sind im Idealfall Zielsätze am Ende eines Trichtermoduls. Wie der Zu-spät-Satz von Gorbatschow. Vor allem, weil sie zuspitzen, manchmal sogar den Spin schaffen, auf den hin alles gedreht wird, gehören sie an das Ziel von Reden oder Antworten.

8

Der Trichter als Metapher für Wirkung

8.1 Pyramiden und Trichter der Juristen

In einem Feld zeigt sich die Differenz von Pyramide und Trichter täglich. Juristen müssen beide Bauformen beherrschen. Im Gutachten müssen sie auf den entscheidenden Punkt hinleiten, also überzeugen, und im Urteil informieren die daraufhin überzeugten Richter. Das Letztere ist Feld der Pyramide; Urteile sind Wahrheiten, die gewonnen sind, die zunächst verkündet werden und sodann zu begründen sind. Dieser strenge Pyramidalstil gilt als eingehalten, wenn das Wort »denn« zwischen den einzelnen Sätzen Sinn ergibt oder ergäbe. Nach der Verkündung des eigentlichen Urteilsspruches gehen Begründungen immer weiter in die Tiefe:

»Der angefochtene Vertrag ist nach § 16 BGB unwirksam. Er erfüllt nicht die gesetzlich vorgeschriebene Form gemäß § 125 S. 1 und 2 BGB. Zudem handelt es sich um ein gesetzwidriges Rechtsgeschäft nach § 134 BGB. Keine der Voraussetzungen für ein gesetzeskonformes Rechtsgeschäft ist hier feststellbar. Der vom Beklagten benannte Zeuge hat die Behauptung, der Kläger habe korrekt gehandelt, nicht bestätigt. ...«

Der Urteilstext wird zum Ende hin breit.
Dem entgegengesetzt ist der Gutachtenstil nach dem Zielsatz-Prinzip: Ein juristisches Gutachten entwickelt die Darstellung und Beurteilung korrekt, wenn ein »also« oder »ergo« zwischen den Sätzen stehen könnte. Das Gutachten ist ein Trichter: Aus einem Obersatz

wird auf einen Zielsatz hingearbeitet:[88] »Jemandem eine Schnittwunde beizubringen könnte eine Körperverletzung nach § 223 Abs. 1 StGB sein.« Es wird weiterentwickelt: »Dazu müsste A den B körperlich misshandelt oder an der Gesundheit geschädigt haben.« Dann erst allgemein: »Eine körperliche Misshandlung ist eine üble unangemessene Behandlung, die das körperliche Wohlbefinden oder die körperliche Integrität mehr als nur unerheblich beeinträchtigt.« Schließlich speziell; hier wird der Zielsatz vorbereitet: »Hier hat A dem B eine Schnittwunde beigebracht. Dadurch hat er die körperliche Integrität beeinträchtigt.« Dann folgt das Ergebnis: »Daher hat A eine Körperverletzung begangen.« Ein Trichter nach dem Zielsatz-Prinzip. Im Urteilsstil dagegen hieße das so: »A hat eine Körperverletzung begangen, denn er hat dem B eine Schnittwunde beigebracht und ihn daher an der körperlichen Integrität geschädigt.« Wir sehen wieder die Funktion von Pyramide und Trichter. Über ein Urteil wird informiert, durch ein Gutachten wird überzeugt.

8.2 Schriftliche Trichter: Morning Briefing

Präzise, kurze Module, das gilt besonders für mündliche Sprache; das Zielsatz-Prinzip gilt hier für Rede. Aber für Schreibe ebenso. Gute Schreibe hat ohnehin immer etwas Mündliches. Die besten journalistischen Texte zeichnen sich durch kurze Sätze aus, mit höherem Tempo. Man kann sie leicht vorlesen.

Journalisten lieben Pyramiden; sie kommen aus der Welt informierender Schrifttexte, und die Pressemeldung gilt ihnen als Parade-Genre. Aber nicht alle schreiben in Pyramiden: Fast ein eigenes Genre inzwischen sind Gabor Steingarts Morning Briefings; sein heutiges Medienunternehmen hatte als Nukleus einmal solche Sprachmodule. Und die sind ganz gegenteilig aufgebaut. Sie holen rasch hinein, bauen zügig ein Dach auf und arbeiten auf eine Pointierung hin. Manchmal sind sie Rauten, der Beginn ist spitz, das Ende aber ganz sicher:

»Guten Morgen, Herr Dr. Wachtel. *Die 30 DAX-Konzerne schütten zusammen die märchenhafte Summe von 26,9 Milliarden Euro aus. Natürlich ist es teuer, Aktien zu besitzen. Aber die aktuellen Dividendenzahlungen belegen: Noch teurer ist es, keine zu besitzen.*«

»*China meldet jetzt erstmals mehr Patente an als Deutschland. Die rote Wirtschaftsmacht schafft es damit auf Platz drei der innovativsten Länder – hinter den USA und Japan. Vielleicht sollten wir jetzt damit beginnen, China zu kopieren.*«

»*Neues von Dominique Strauss-Kahn: Der ehemalige Chef des Weltwährungsfonds wird Hedgefonds-Manager. Zwei Milliarden US-Dollar will er einsammeln. Alle potenziellen Geldgeber seien gewarnt: DSK ist Politiker, nicht Unternehmer. Er wurde auf der Ausgabenseite des Lebens geboren.*«

»*Russland soll aus dem Klub der größten Wirtschaftsnationen (G 8) ausgeschlossen werden. Das wollen die G-7-Staaten heute Abend besiegeln. Dabei ist Russland nicht dank westlicher Gnade, sondern aufgrund seiner Rohstoffreserven die fünftgrößte Volkswirtschaft der Welt – noch vor den G-7-Staaten Italien und Kanada. Der Rausschmiss bleibt daher Symbolik. Mit derselben Durchschlagskraft könnte der Westen auch beschließen, Ebbe und Flut abzuschaffen.*«

Gegen Ende geht es besonders kurz zu: Selbst ein guter Schreiber würde allenfalls folgende »Langfassung« herstellen:
»Lange dachten wir, es ginge beim Dieselskandal um Motoren. Stimmt aber nicht. Wir hatten schon so einen Verdacht, es geht um Menschen. Bei Audi wird der Apparat gleich vier Vorstände auswechseln, deren Namen wir uns nicht merken müssen, aber wir sollten uns merken, dass Vertraute von VW-Chef Müller in Ingolstadt dabei sind. Die letzte Bastion des Stalinismus in der deutschen Industrie pflanzt sich durch Menschen fort, egal wohin im Reich sie auch geschickt werden.«

Steingart: »*Lange dachten viele, es ginge beim Dieselskandal nur um Motoren. Stimmt aber nicht. Bei Audi werden jetzt gleich vier Vorstände ausgewechselt. Offenbar haben sich die Motoren doch nicht – wie zunächst suggeriert – von alleine manipuliert. Nicht nur die Technik, auch die verantwortlichen Konzerngremien brauchen ein Update.*«

Die Module des Morning Briefing enden wie Trichter. Trichter der Schreibkunst – oben mit Zugang oder Flughöhe, dann originell hingetupfte Fakten, und eine Spitze, die pointiert. Die drei Steingart-Prinzipien:

- Abholung am Anfang
- Beschränkung auf kaum mehr als fünf Sätze
- Pointierung am Ende

8.3 Übertreibung und Verstärkung

»Wahrlich, ich sage euch«, heißt es in der Bibel. »How, ich habe gesprochen«, sagt der Häuptling. Inhalt null, Wirkung hoch, das zeichnet solche Formeln aus; sie verstärken schon Gesagtes: »Und ich sage Ihnen noch eins.« Alle Ruck-Reden, alle Wutreden, alles, was aufrüttelt und erschreckt, wird besonders pointiert. Die Königsdisziplin der Pointierung ist die Drastik. In der Filmkunst etwa gibt es eine eigene Rubrik dafür.
Die Übertreibung zählt zu den elementaren rhetorischen Mitteln.[89] Überzeichnung, besonders die auf einen Punkt hin, die »amplificatio« der antiken Rhetorik, ist ein probates Mittel der Wirkung. Die Übertreibung hat zunächst ästhetischen Wert; sie macht Rede und Antwort attraktiver, das Übertriebene lässt manches leuchten, das anderenfalls unterginge. Die Drastik, die ästhetische Zuspitzung verstärkt. Übertreibende Zielsätze sind wirkungsvoll, sie treiben auf die Spitze.

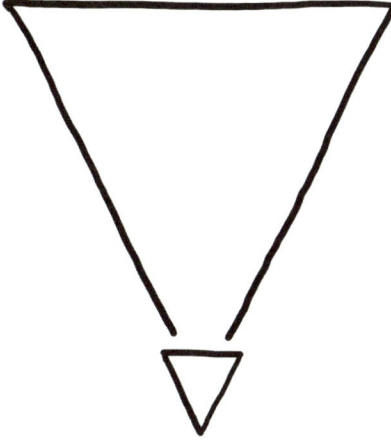

AUF DIE SPITZE TREIBEN:
DER ZIELSATZ NACH DEM ZIELSATZ

Der bis vor Kurzem noch teuerste Redner der Welt, Bill Clinton, verwendet die Übertreibung als Generalprinzip. Seine Aussagen sind
nicht selten regelrecht falsch. Als Clinton in seiner berühmten Rede
in Charlotte 2012 die zweite Nominierung von Obama unterstützte,
hieß sein erster Satz: »We are here – to nominate a president!« Warum hat das eine hohe Wirkung? Gerade weil es falsch ist, vorsichtig
gesagt, übertrieben: Eigentlich noch kein Präsident wird gewählt,
nur erst ein Präsidentschaftskandidat. Die Kunst der Übertreibung
ist mit dem Zielsatz-Prinzip im Bunde. Wer sagen will: »Es ist lange
her, dass ich hier war«, sagt besser: »Ich war mal hier vor tausend
Jahren.«

8.4 Logik?

Dieses oder jenes in den Ausführungen sei nicht logisch, sagen wir,
diese oder jene Chart-Folge. Redeordnung wird gern Logik genannt.
Das ist falsch. Das ist nicht präzise, denn genauer sollten wir sagen:
Es scheint uns logisch oder nicht logisch. Wer wirken will, sagt nicht
unumstößliche Dinge, die nach festen Regeln wiederum zu Unum-

stößlichem werden. Erst das wäre Logik; die stellt Muster bereit für die schlüssige Verknüpfung wahrer Sätze.

Wer wirkungsvolle Äußerungen anschaut, sieht, dass die aber nicht immer logisch im strengen Sinne sind. Was wirkungsvoll ist, ist kognitiv allein nicht zu fassen; das Emotionale ist sicherer wirksam – und gefährlicher. In rhetorischen Situationen werden sicher Argumente gewählt und ausgesprochen – die sind zwar wirksam angeordnet, aber nicht unbedingt logisch. Denn die Logik setzt sogenannte zwingende Schlüsse voraus – die es in der Rhetorik nicht gibt. Logik und Rhetorik sind zwei verschiedene der sieben freien Künste.[90]

Zahlen, Fakten und Berechnungen bedürfen nicht der Beweisführung, weil sie durch Nachprüfung und Augenschein evident werden. Ihre Interpretation allerdings ist eminent rhetorisch,[91] sie können diesen, aber auch jenen Umstand stützen beziehungsweise wahrscheinlich machen. Hier braucht es mehr als Logik.

8.5 Psychologik!

Aristoteles sagte: Rhetorik ist die Kunst, das Glauben Erweckende zu finden. Danach hat er eine Affektenlehre entwickelt. Für dieses Glaubenerwecken rät er dem Redner, sich nicht nur auf sein *ethos* zu verlassen, sondern die Wünsche, Hoffnungen und Gefühle der Hörer zu antizipieren und seine Überzeugungsmittel daran auszurichten. Das »Glaubenerweckende« ist es nur in Bezug auf bestimmte Hörer, Situationen, nie per se. Wirksame Rede setzt Vermutungen über die Seelenzustände des Gegenübers voraus; alle wirksamen Überredungs- und Überzeugungstechniken schließen an Hörererwartungen an.

Verständlich, stringent, zielgerichtet, all dies sind Eigenschaften, die nicht nur der Logik gehören. Wenn von Logik in Reden und Antworten die Rede ist, ist meist etwas ganz anderes gemeint, Psychologik.

Schon Platon hatte seine Rhetorik im Affront gegen seinen Pappkameraden Sophistik – die haarspalterisch nach Wahrheiten fahndete – eine »Seelenführung« genannt, eine *psychagogia*.[92] Das Ansprechen

von Wünschen, Werten und Interessen unterscheidet rhetorisch ge-
wonnene Überzeugungen von bloßer Rationalität. Diese »Doppel-
struktur des Argumentativen«[93] ist die Verknüpfung von Verstand und
Seele. In der Massenkommunikation ist das besonders kritisch, in
den Worten des Ladenhüters Le Bon: »So muss die Masse, die stets an
den Grenzen des Unbewussten umherirrt, allen Einflüssen unterwor-
fen ist, von der Heftigkeit ihrer Gefühle erregt wird ... alles kritischen
Geistes bar, von einer übermäßigen Leichtgläubigkeit sein.«[94]
Seit Jahrtausenden das nämliche Prinzip. Eher Psychologik als Logik
beeinflusst die Urteilskraft. Will der Redner zum Beispiel Zorn erre-
gen, dann ist der Gegner solcher Dinge als schuldig darzustellen.
Worüber alle gewöhnlich Zorn empfinden, sollte man anführen, zudem die Person des Gegners selbst als einen Menschen darstellen,
dem man gemeinhin zürnt. Aristoteles empfiehlt hier: Zunächst die
Hörer in eine Stimmung der Unlust über die Situation zu versetzen,
sodann muss das Objekt des Affektes genannt werden.[95] Am Schluss
steht die Aktion – nicht selten der Tod.
Die eher psychologische Rhetorik spricht den Willen an: »Der mensch-
liche Geist ist kein reines Licht, sondern erleidet Einfluss von dem
Willen und den Gefühlen«, wir hätten es zu tun mit jenen »Wissen-
schaften für alles, was man will«, denn »was man am liebsten als das
Wahre haben mag, das glaubt man am leichtesten«,[96] schrieb Francis
Bacon. Ein heikles Feld; »falsches Bewusstsein« ist Bestandteil fast aller Ideologiedefinitionen. Diese »falschen Wünsche«, Bacons »Idole«,
sind Wünsche nach »passender« Wirklichkeit. Dem anderen nach
dem Mund – oder nach dem Bauch – reden – sie oder ihn auf ein Ziel
hinführen, auch das ist keine logische Operation.[97] Das macht Psychologik potenziell gefährlich, entbehrlich ist sie deshalb noch lange
nicht.

8.6 Pointierung und Executive Modus

Im Management- und Führungsalltag gibt es zwei Modi. Der eine ist der Modus der täglichen Abläufe. In dem geht es um entscheiden, manchmal durchwurschteln, Daten komprimieren, Sachverhalte beurteilen und nach Wahrheiten suchen. Um Entscheidungen zu treffen – und sie dann wieder mit vermeintlichen Fakten zu rechtfertigen – oft von ganz tief unten. Hinter der Anordnung liegen verschiedene Weisen, an Dinge heranzugehen, oft ohne Sinn für Wirkung.

In einem zweiten, ganz anderen Modus wirkt man über das tägliche Managen hinaus; hier geht es um Effekt. In diesen zweiten Modus wird umgeschaltet, wenn Wirkung gefragt ist. Dieser Modus verlangt weniger logische Wahrheitssuche als ein Wirkungsziel, Beziehungen – all das, was im Expertenmodus nicht vorkommt: Entzerren, persönlicher kommunizieren, unkomplex, mit mehr Flughöhe als Experten, das alles sind Eigenschaften des Executive Modus.[98]

Auf dem Weg nach oben muss sich die Art zu kommunizieren ändern, bei vielen grundsätzlich, bei allen aber wenigstens situativ. Spitzenmanager zum Beispiel, aber auch Politiker oder einfach diejenigen, die Menschen beeinflussen, sie alle gehen anders heran, als sie es eben noch in einem Expertenmodus getan haben.

Den Executive Modus erkennt man auch an der Aufbauform. Die Bauformen für den ersten, den Expertenmodus heißen Kasten, Raute und Pyramide. Kästen und Pyramiden sind für Experten gemacht. Sie halten im Expertenmodus fest, mit Informationskommunikation jeder Art – und Fahrstuhlreden, wenn der Chef hereinkommt. Expertenrhetorik, die sagt, was ist, ohne sich um das Gegenüber zu kümmern. Der Wirkungs- oder Executive Modus dagegen benutzt den Trichter. Zielorientierung in Handeln und Reden ist legitimes Machtmittel,[99] und das Zielsatz-Prinzip unterstützt Führungswirkung.

EXPERT ⟶ EXECUTIVE

Stefan Wachtel, *Executive Modus*. Hanser Verlag, 2. Aufl 2017.

Der Switch vom stumpfen Aufbau zum spitzen ist deshalb im Executive Modus einer von zwölf Punkten. Experten reden in Kästen und Pyramiden, Executives, die was zu sagen haben, eher in Trichtern.

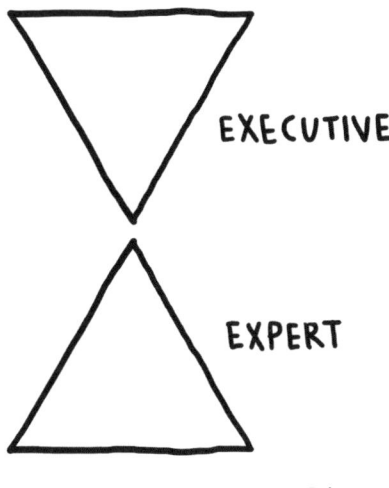

KOMMUNIKATIONSWEISEN
VON EXPERTEN UND VON EXECUTIVES

Ein Beispiel für die beiden Modi. Eine Qualität der Expertenleistung heißt Vollständigkeit: »Erschöpfend« wie im Pyramidenprinzip können aber die meisten Äußerungen oder Kurztexte nicht sein. Die Forderung nach Vollständigkeit – »muss noch rein!« – hindert daran, in den Wirkungsmodus zu kommen. Schon weil der Wunsch nach Vollständigkeit oft schnell sprechen lässt und Verständlichkeit erschwert. Ein weiteres der zwölf Prinzipien des Executive- oder Wirkungsmodus heißt deshalb Auswahl.[100]

Noch immer Prototyp des Umschaltens auf Wirkung ist der gar nicht kommunikative Mitbürger Steve Jobs hab ihn selig. Er war im Leben anders, gelinde gesagt – auf der Bühne aber ein Meister des Zielsatz-Prinzips – etwa, wenn er von der Konkurrenz auf das eigene *Macbook Air* sich vorarbeitete. Sein Zielsatz hier ist exakt die Art »Solution«, die Strategieberater mit dem einfachen Situation-Complication-Solution-Modell meinen:

We think there is.
Too much compromising to get there.
Too much compromising in thickness.
Too much compromising in less than a full size display.
Less than a full size keyboard.
And we think,
you could get out even more performance in one of these products.

8.7 Grenzen des Zielsatz-Prinzips

Das Zielsatz-Prinzip ist weder ideologisch noch sollte es dogmatisch gelten. Zum Schluss deshalb das kleinste Beispiel für Pyramide und Trichter (s. Seite 69), das zugleich die Grenze markiert:
»Der ICE 247 nach Amsterdam fährt etwa zehn Minuten später ab. Grund dafür ist eine verspätete Bereitstellung des Zuges.«

Information und Begründung danach, ohne den Versuch der Überzeugung, im wirklich gut gemeinten Belehrungsaufbau. Wollte man Fahrgäste wirklich davon überzeugen, dass das in Ordnung ist, klänge das so:
»Unsere Wartungsarbeiten für Sie sind schwieriger. Einen Zug konnten wir erst später bereitstellen. Deshalb verzögert sich … Wir bitten Sie /werden alles tun.«

So überzeugend es wäre, und so sehr ich die Arbeit nach meinem Prinzip liebe. Das Zielsatz Prinzip wirkt nicht, wenn pure Information gefragt ist.

8.8 Die drei Imperative des Zielsatz-Prinzips

Hinter jedem Prinzip steht eine Haltung. Die Haltung ist hier die Antwort auf die Frage: Was ist wichtiger – Sendetaste oder *dialogue button*?

Das gibt Gelegenheit, die drei Imperative des Zielsatz Prinzips zu nennen:

I. Vom Fremden zum Eigenen
II. Vom Allgemeinen zum Besonderen
III. Vom Bekannten zum Neuen[101]

Die letzte Antwort dieses Buches heißt: Zuhören ist die erste rhetorische Tugend.[102] Das Zielsatz-Prinzip verfolgt nicht Sprech-Höchstleistung, sondern Gemeinsamkeit – deshalb beginnt der Trichter breit. Mit einem etwa 2350 Jahre alten Satz des Aristoteles: »Das Ziel liegt bei den Hörenden.«

Als meine Tochter zehn war, schrieb sie der Frankfurter Oberbürger-
meisterin einen Brief, um auf Missstände aufmerksam zu machen.
Er endete mit der Pointierung »Bitte machen sie etwas«. Der Brief
war, sagen wir, den Umständen entsprechend einigermaßen erfolgreich; sie bekam eine freundliche Antwort. Er war methodisch bloß
intuitiv. Aber er war Zielsatz Prinzip pur.

Danke

Danke an Niklas Roth, der mich zum TED Talk zu dieser Methode einlud. Danke an Gabor Steingart, mit dem ich oft über das Prinzip sprach; sein Morning Briefing ist Zielsatz Prinzip pur. Siehe und höre meine Podcasts bei Media Pioneer. Danke an *Spiegel*-Chefredakteur Steffen Klusmann, der mich wegen meiner Pointierungslust als »Meinungsmacher« des *manager magazin* verpflichtete; einige dieser Kolumnen kommen hier bearbeitet vor. Ebenso an Prof. Dr. Emily Sumner, die an der University of California das Zielsatz-Prinzip bereits an Kindern belegt hat, für den Austausch darüber. Auch an meine Kollegen von Executive-Modus Andreas Seitz, Ien Svea Bäumler, Dr. Gerhard Seifried, Alexander Würfel, Steffen Voigt und Sebastian Kroggel, mit denen ich in der Klientenarbeit das Prinzip immer wieder schärfe. Dank auch an meinen Kollegen René Borbonus für Ideen dazu. Auch an zahllose Partner einer der globalen Strategieberatungen für mindblowing Impulse; mein Training dort wird gerade international ausgerollt. Danke schließlich an alle, die seit fast zwanzig Jahren das Zielsatz-Prinzip umsetzen und Feedback dazu geben. Vor allem danke an alle, die mich auf diese und am Ende auf andere Gedanken gebracht haben.

Danke auch noch an die Hotels Vendome und Armenonville in Nizza, wo ich mehrmals zum Schreiben war. Schließlich an das wunderbare Hotel Algodon Mansion in Buenos Aires, wohin ich mich zum Schreiben im Winter verzogen habe, und das mir dazu die Suite No. 1 gab. Wenn Sie jemals nach Südamerika gehen, versuchen Sie die zu kriegen; sagen Sie, sie seien ein Freund des German guy mit den vielen Zetteln.

Anmerkungen

1 Wachtel 1999, 134 f.: »Anschluß – Beweise/Beispiel/Bilder – Zielsatz.«
2 Hovland 1987, Geissner 1982.
3 Krech/Richter/Stock/Suttner 1991, 162 ff.
4 Mikunda 2011, S. 94.
5 Chap und Dan Heath sagen das in ihrem Buch so wunderbar: *Made to Stick.*
6 Minto 2001.
7 Winkler 1969.
8 Sumner et al., 2019.
9 Goldmann 2004.
10 Lewis 2019.
11 www.caseinterview.com
12 Etzold/Ramge 2014, S. 90.
13 Friebe/Albers 2011.
14 Miller et al. 2013.
15 Drach 1932, S. 141; siehe auch Pabst-Weinschenk 2001, S. 119.
16 Geissner, 1986.
17 Robert Fritz, *Your Life as Art* 2017, S. 129–131; Wachtel 2021.
18 Duncan 2016, S. 10.
19 Wachtel 2017, 114 ff.
20 Frey 2017.
21 Wachtel 2018.
22 Geissner 2000.
23 Kutschera 1994.
24 Rustler 2017.
25 *ARD/ZDF-Fortbildungskonzept für TV-Moderation*, Wachtel 2013.
26 Der ZDF-Journalist Martin Ordolff hat mir diese Passage zur Verfügung gestellt, vgl. Ordolff 2015.
27 Wagner 2014.
28 Mikunda 1997, 2009.
29 Haft 1993.
30 Minto 2001, S. 31. Die Induktion kommt nicht vor.
31 Hackenberg/Leminski/Schulz-Wolfgramm 2014.
32 Krech/Suttner/Stock 1991.
33 Friebe/Albers 2011.

34 Kitamura Kigin, 1624–1705.
35 Wachtel 2017/1, 121 ff.
36 Wachtel 2017/1, 90 ff.
37 Wachtel 2017/1, 165 ff.
38 De Bono 2016.
39 www.Wikipedia.de
40 Minto 2001.
41 Weischenberg 1990, S. 47.
42 Gutenberg 1989/1, S. 117.
43 Wachtel i. V.
44 Kropf 1999.
45 Lasswell 1948, S. 37. zit. bei Geissner 2001, S. 32 f.
46 Minto 2001, 82 ff.
47 Legendäre einfache Formulierung von Hellmut Geissner.
48 Geissner 2000.
49 Brandes 2016.
50 Aristoteles, *Rhetorik* 1358b.
51 Wachtel 2018.
52 Sinek 2011; Wachtel 2017, S. 31 ff.
53 Wehling 2016.
54 Wehling 2016.
55 Wachtel 2017, 31 ff.
56 Hovland 1987.
57 Kriebel 1993.
58 Wachtel 2017.
59 Vgl. Borbonus 2015.
60 Wachtel 2013, S. 107 ff.
61 Es waren zwei vollkommen verschiedene Mindsets: Ich habe für Medien den Merkel-/Schulz-Wahlkampf analysiert.
62 Wachtel 2017, 122 ff.
63 Wachtel 2018.
64 Geissner 1982.
65 Wachtel 2009, S. 106; Geissner 2000, Minto 2001.
66 Mikunda 2011.
67 Drach 1932.
68 Titel meines Buches von 1996.
69 Geissner 1968.
70 Geissner 1968.
71 Wachtel 2018, 169 ff.
72 Wachtel 2018, 58 ff.
73 Wachtel 2003, 117 ff.

74 Thiele 2004.

75 Wachtel 2017.

76 Jährliches Ranking zur rhetorischen Wirkung der TU Dresden.

77 Jährliches Ranking zur rhetorischen Wirkung der TU Dresden.

78 Wachtel 2017, 198 ff.

79 Hackenberg/Leminsky/Schulz-Wolfgramm 2014, S. 15.

80 Wachtel 2017/1, 187 ff.

81 Etzold/Ramge 2014, S. 108.

82 Wachtel 2017, S. 199.

83 Entwickelt mit meiner Kollegin Dr. Stefanie Etzel bei meiner ehemaligen Agentur ExpertExecutive. Sie ist sicher nach wie vor die Beste darin.

84 Duncan 16 ff.

85 Rustler 2017.

86 Klein 2017, 2019.

87 Wachtel 2017, 112 ff.

88 Das folgende Beispiel ist aus Wikipedias Artikel »Gutachtenstil«.

89 Pabst-Weinschenk (Hrsg.): »Motivation – Problemstellung – Versuch und Irrtum – Lösung – Verstärkung« 2001, S. 12.

90 Septem artes liberales sind ein in der Antike entstandener Kanon von sieben Studienfächern: Trivium: Grammatik, Dialektik oder Logik, Rhetorik; Quadrivium: Arithmetik, Musik, Geometrie, Astronomie.

91 Topitsch 1993.

92 Platon, *Phaidros*, 261a.

93 Geissner 1982.

94 Le Bon 1982, S. 22.

95 Aristoteles, *Rhetorik*, Buch 2, S. 27.

96 Bacon 1870.

97 Das Logik-Psychologik-Kapitel verwendet Formulierungen und Überlegungen aus meinem *Rhetorik und Public Relations*, 2003.

98 Definition aus *Executive Modus*, 2017.

99   Nöllke 2017.

100 Wachtel 2017/1, 90 ff.

101 Wachtel 2023, 30 ff.

102 Galli-Zugaro 2017.

Literatur

Francis Bacon, *Neues Organon*. Berlin 1870.

Joseph Bikart, *Die Kunst, Entscheidungen zu treffen*. München 2020.

Edward de Bono, *Lateral thinking*. London 2016.

René Borbonus, *Klarheit*. Düsseldorf 2015.

René Borbonus, *Relevanz*. Düsseldorf 2019.

Robert B. Cialdini, *Überzeugen*. München 2002.

Elizabeth Danziger, *Get to the Point*. Hoboken 2001.

Erich Drach, *Rede und Redner*. Berlin 1932.

Kevin Duncan, *The Diagrams Book*. London 2014, Dt: *Das Buch der Diagramme*. Zürich 4. Aufl. 2016.

Veit Etzold, Thomas Ramge, *Equity Storytelling: Think − Tell − Sell*. Berlin 2014.

Pia Frey, *America has very nice Legs. A President Trump Mix and Match Book*. New York 2017.

Holm Friebe, Philipp Albers, *Was Sie schon immer über 6 wissen wollten*. München 2011.

Robert Fritz, *Your Life as Art* 2017.

Emilio Galli Zugaro, *The Listening Leader*. London 2017.

Hellmut Geissner, »Ein Kapitel Redetheorie und Redepädagogik«, in: *Wirkendes Wort* 4/1968, 271 ff.

Hellmut K. Geissner, *Kommunikationspädagogik*. St. Ingbert 2000.

Hellmut Geissner, »Mit Gründen streiten. Argumentationspraxis«; in: *Diskussion Deutsch*, 16/1982, S. 140−151.

Hellmut Geissner, *Rhetorik*, München 1973, S. 121 ff.

Heinz Goldmann, *Überzeugende Kommunikation*. München 2004.

Ross Guberman, *Point Made: How To Write Like The Nation's Top Advocates*. Oxford et al. 2. Aufl. 2014.

Norbert Gutenberg, *Einführung in die Sprechwissenschaft*. Bern 2001.

Wolfgang Hackenberg, Carsten Leminsky, Eibo Schulz-Wolfgramm, *Key Message. Delivered. Business-Präsentationen mit Struktur*. Freiburg 2. Aufl., 2014.

Fritjof Haft, *Strukturdenken*. Frankfurt am Main/Berlin 1993.

Georg Philipp Harsdörffer: *Poetischer Trichter – Die Teutsche Dicht- und Reimkunst/ohne Behuf der Lateinischen Sprache/in VI Stunden einzugiessen*. Nürnberg 1648–1653. Repr. Nachdruck, Hildesheim und New York 1971.

Chip Heath, Dan Heath, *Made to Stick. Why some Ideas Survive and Others Die*. Toronto 2010.

Carl I. Hovland, *Communication and Persuasion*. New Haven 1987.

Harald Hungenberg, *Problemlösung und Kommunikation*. München 3. Aufl. 2010.

Josef Klein, *Politik und Rhetorik*. Berlin 2019.

Josef Klein, »Saliente Sätze«, in: Kersten Sven Roth/ Martin Wengeler/ Alexander Ziem (Hrsg.), *Handbuch Sprache in Politik und Gesellschaft*. Berlin/Boston 2017. S. 139–164.

Josef Klein, »Statement«, in: Gert Ueding (Hrsg.) et al., *Historisches Wörterbuch der Rhetorik*, S. 1325 ff.

Johannes Kochs, *Pyramidales Strukturieren und Visualisieren: Präsentationen auf den Punkt bringen*. Weinheim 2018.

Eva-Maria Krech, Eberhard Stock, Günther Richter, Jutta Suttner, *Sprechwirkung*. Berlin 1991.

Wolf-Henning Kriebel, *Das 5-Ebenen-Modell*. Remagen 1993.

Thomas Kropf, »Von den Schwierigkeiten mit dem klassischen Nachrichten-Aufbau – oder: Ein ›Andock-Modell‹ als Alternative zum ›Pyramiden-Modell‹; in: *Publizistik*, 44. Jg. (1999) Heft 2, S. 201–216.

Gundl Kutschera, *Tanz zwischen Bewusst-Sein und Unbewusst-Sein*. Paderborn 1994, 2008.

Harold Dwight Lasswell, »The Structure and Function of Communication in Society«, in: V. L. Bryson (Hrsg.) *The Communication of Ideas*, New York/London 1948.

Gustave Le Bon, *Psychologie der Massen*. Hamburg 2018.

St. Elmo Lewis, *Getting The Most out of Business*. Scholars Select. New York 2019.

Christian Mikunda, *Der verbotene Ort oder die inszenierte Verführung*. Düsseldorf 1997.

Christian Mikunda, *Warum wir uns Gefühle kaufen*. München 2009.

George A. Miller et al., *Plans and the Structure of Behavior*, Eastford 2013.

Barbara Minto, *The Pyramid Principle*. 2. Aufl. London 2001.

Friederike von Mirbach, *Das Präsenz Prinzip. Wie aus Haltung Wirkung wird*. Frankfurt am Main 2021.

Matthias Nöllke, *Machtspiele*. Freiburg 2017.

Matthias Nückles, Johannes Gurlitt, Tobias Pabst, Alexander Renkl, *Mind Maps & Concept Maps*. München 2004.

Martin Ordolff, Stefan Wachtel, *Texten für TV*. Konstanz, 4. überarb. Aufl. 2014.

Marita Pabst-Weinschenk (Hrsg.), »Argumentation und Schreiben fürs Hören«, in: *Grundlagen der Sprechwissenschaft und Sprecherziehung*, München 2001.

Platon, *Phaidros*. Hamburg 2019.

Florian Rustler, *Denkwerkzeuge*, Zürich 6. Aufl. 2017.

Axel Schoof, Karin Binder, *Auf den Punkt: Präsentationen pyramidal strukturieren. Erfolgreicher kommunizieren mit klaren Botschaften und ergebnisorientierter Struktur*. Heidelberg 2013.

Dietz Schwiesau, Josef Ohler, *Nachrichten – klassisch und multimedial*, Wiesbaden 2016.

Andreas Seitz, *Durch die Krise führen*. Wiesbaden 2020.

Werner Siefer, *Der Erzähl-Instinkt*. München 2015.

Simon Sinek, *Start with Why*, London 2011.

Gabor Steingart, *Morning Briefing*. München 2018 ff.

Emily Sumner, Erika DeAngelis, Mara Hyatt, Noah Goodman, Celeste Kidd, »Cake or broccoli? Recency biases children's verbal responses«, in *PLoS ONE* 14(6) 2019: https://doi.org/10.1371/journal.pone.0217207

Albert Thiele, *Argumentieren unter Stress*. Frankfurt am Main 2004.

Granville N. Toogood, *The Articulate Executive. Learn to look, act and sound like a Leader*. New York 1996.

Ernst Topitsch, *Logik der Sozialwissenschaften*. Berlin 1993.

Klaus F. Urban, *Verstehen gesprochener Sprache*. Düsseldorf 1977.

Sabina Wachtel, Stefanie Etzel (Hrsg.), *Jeder kann wirken. Von Executives lernen: Auftreten Reden Antworten*. Wiesbaden 2018.

Stefan Wachtel, *Überzeugen vor Mikrofon und Kamera*. Frankfurt am Main/ New York 1999.

Stefan Wachtel, René Borbonus, *Rhetorik und Public Relations*. München 2003.

Stefan Wachtel, *Schreiben fürs Hören*. Frankfurt am Main/Köln 6. Aufl. 2023.

Stefan Wachtel, *Executive Modus. 12 Taktiken für mehr Führungswirkung*. München 2. überarb. Aufl. 2017/1.

Stefan Wachtel, »Module mit Wirkung. Über Schreibkunst«, in: *BILANZ/ Welt*, 23.11.2017/2.

Stefan Wachtel, *Die Kunst des Authentischen. 67 Wege in den richtigen Film*. Völlig überarbeitete Taschenbuchausgabe von *Sei nicht Authentisch!* von 2014, Frankfurt am Main 2018.

Stefan Wachtel, *Reversed Pyramid. The Funnel Principle in Speech Answer and Writing*. London 2021.

Stefan Wachtel, *Pyramiden und Trichter. 50 Wege, jeden Inhalt zu strukturieren*. Frankfurt am Main 2023.

Stefan Wachtel, *Wie man aus einer Gießkanne eine Rakete baut. Über das Lernen*. Frankfurt am Main, in Vorbereitung/1.

Stefan Wachtel, *Die dritte Mündlichkeit. Gutenbergs Tod in der TED Talk YouTube Galaxis*. In Vorbereitung/2.

Stefan Wachtel, Antje Keil, Clemens Nicol, *Sprechen und Moderieren. In TV, Radio, Podcast, Youtube und Social Media*. Köln 2022.

Marietheres Wagner, *Prinzip Hollywood. Wie Dramaturgie unser Denken bestimmt*, Zürich 2014.

Randall Walker, *Easy-Reading Techniques*. New York 2007.

Elisabeth Wehling, *Politisches Framing*. Köln 2016.

Christian Winkler, *Deutsche Sprechkunde und Sprecherziehung*. Düsseldorf, 2. Aufl. 1969.

Dave Yewman, *On Getting to The Point*. Portland 2007.

Gene Zelazny, *Say It With Charts: The Executive's Guide to Visual Communication*. New York, 4. Aufl. 2001.

Rainer Zimmermann, *Das Strategiebuch*. Frankfurt am Main/New York 2011.

www:Wikipedia.de, »Pyramidales Prinzip«, »Elevator Pitch«, »Zielsatz-Prinzip«, »Reversed Pyramid«.

"STEFAN'S APPROACH OF 'REVERSING THE PYRAMID' INSTANTLY DIALS UP THE IMPACT OF COMMUNICATIONS."
Philipp Justus, Vice President Central Europe, Google

"I APPRECIATE STEFANS APPROACH AS ONE OF THE MOST SUBSTANCIAL ONES IN THE ENTIRE EXECUTIVE CONSULTING HEMISPHERE."
Lutz Schüler, CEO Virgin Media

"STRATEGY CONSULTANTS USE PYRAMIDS FOR PITCH DECKS, BUT FROM NOW ON REVERSED ONES FOR SPEECHES."
Stefan Gross-Selbeck, CEO, BCG Digital Ventures

"THE REVERSED PYRAMID OF STEFAN IST WELL-PROOFED AS A COACHING APPROACH."
Sarah McDonnell, Designated CEO "The Leading Coaches of the World LCOTW"®

Stefan Wachtel:
Reversed Pyramid.
The Funnel Principle in
Speech, Answer and Text,
200 pages, Hardcover,
to be released in 2021,
29,00 US-Dollar,
ISBN 978-3-00-066032-0

Dr. Stefan Wachtels Executive Briefings

Workshops mit Vorabend

- Zur »Kunst des Authentischen«,
- Zum »Zielsatz-Prinzip«,
- Zum »Executive Modus«.

Jeden dritten Mai-Freitag in Nizza,
jeden vierten Juni-Montag in Lugano,
jeden vierten November-Freitag in
Frankfurt.

www.stefan-wachtel.de

Die Kunst
des Authentischen

Stefan Wachtel
Die Kunst des Authentischen.
67 Wege in den richtigen Film,
246 Seiten, 2018
11,90 €
ISBN: 978-3-00-058798-6

Wir wollen authentisch sein, das ist fein. Und, jetzt kommt es:
Wir wollen authentisch scheinen. Wenn wir so richtig ehrlich sind,
werden wir sagen: Das ist uns eigentlich noch wichtiger. Das Buch
ist die Anleitung dazu. Es entwickelt die Strategie, sich selbst und
Ihre Arbeit an sich in ein gutes Verhältnis zu setzen.

- ■ »Wachtel plädiert für eine weibliche Rhetorik: zugewandt,
  farbig und weniger rechthaberisch.«
  Handelsblatt

- ■ »Das Buch ist ein stilistisches Meisterwerk, rhetorisch
  brillant, witzig, pointenreich, aber dennoch sehr lehrreich.«
  Hamburger Abendblatt

THE FUNNEL CONFERENCE

Jedes Jahr im Herbst findet die Jahrestagung der »Leading Coaches of the World« statt (www.lcotw.com).

Diskutiert wird mit Speakern aus der ganzen Welt: Wie kann man Lernen fördern in einem Alltag unter Zeit- und Leistungsdruck. Effizienz und Methodik des Executive Coachings sind die Themen der Funnel Conference.

Im Martinez Hyatt in Cannes.

office@leading-coaches-of-the world.com

www.funnel-conference.com